이 책에 대해 하나님께 감사드린다. 이는 아무도 '오랜' 혹은 '순종'에 대해 말하지 않는 이때에 우리에게 처음으로 다가온 선구자적 메시지다. 이 책은 21세기를 살고 있는 우리를 향한 특유의 예언자적 날카로움을 간직하고 있다. 시편의 '성전에 올라가는 노래'에 뿌리를 두고, 예수님과 더불어 '성령 안에 있는 의와 평강과 기쁨'을 누리는 영적인 여정에 우리를 초대하는 책이다.

리처드 포스터 『영적 훈련과 성장』 저자

이 책에는 하나님 앞에서의 정직한 삶을 독려하는 맑고 쾌활한 엄격함이 있다. 유진 피터슨은 시편의 언어들을 갈고닦음으로써, 그러한 삶이 팽팽히 줄을 조인 현악기와도 같이 노래할 수 있게 해 준다. 그가 말하는 '한 방향으로의 오랜 순종'은 예수님의 제자가 되기 위한 유일한 길이며, 이는 오늘날 우리가 반드시 듣고 따라야 할 메시다.

달라스 윌라드 『하나님의 모략』 저자

유진 피터슨의 특별한 은사는, 우리와 같은 입장에서 우리에게 현실에 뿌리박은 영성을 가르쳐 주는 데 있다. 그러한 은사가 경탄을 금할 수 없을 정도로 유감없이 발휘된 이 책은 시편과 만나게 해 줄 최고의 안내서가 될 것이다. 지난 20년간 내가 그랬던 것처럼 당신도 시편에 익숙해지는 것이 어렵다면, 이 탁월한 책을 읽고 또 읽되 밑줄을 쳐 가며 읽고, 완전히 자기 것으로 만들 필요가 있다.

제임스 패커 『하나님을 아는 지식』 저자

유진 피터슨의 책 중에 내게 깊은 감동과 도전을 주지 않았던 책은 단 한 권도 없었다.

맥스 루케이도 『예수님처럼』 저자

유진 피터슨은 진정한 제자도에 관한 탁월한 지혜를 가르칠 뿐 아니라 예수 그리스도께 온전히 헌신한 역동적인 삶의 열정과 흥분을 맛볼 수 있게 해 준다. 유행처럼 번지는 영성에 대한 관심의 격랑 속에서 참다운 영성의 구성 요건에 관한 그의 안내는 실로 정금과 같다.

레베카 피펏 『빛으로 소금으로』 저자

우리를 현혹하여 변하지 않는 것은 없다고 믿게 하는 세상, 그 세상 속에 하나님은 변하지 않는 그분의 말씀을 들려주신다. 우리가 귀 기울인다면 그 말씀이 의미하는 모든 것을 참신한 방식으로 이 세상과 이 시대에 들려주는 일은 우리의 몫이 된다. 유진 피터슨은 귀 기울였다. 이 책을 통해 그는 변하지 않는 말씀의 그 불변하는 요소에 대해 자신이 들은 바를 우리에게 들려준다.

마이클 카드 CCM 아티스트

오늘날의 문화는 우리의 영혼을 찢어 놓는 셀 수 없이 많은 방향을 향해 돌진하도록 우리를 부추긴다. 그러나 유진 피터슨은 그와 같은 정신없는 분주함을 용납하지 않는다. 그 대신, 정확히 하나님께 이르는 길고도 성경적인 방향에 초점을 맞출 수 있는 비결을 일러 준다.

크레이그 반즈 전 프린스턴 신학교 총장, *When God Interrupts* 저자

말이란 것은 좋게든 나쁘게든 무기가 될 수 있다. 유진 피터슨은 우리의 지성과 감성을 쪼개기 위해 성경이란 검을 휘두르는 데 말을 사용하고 있다. 그는 가장 재능 있는 하나님의 문장가 중 한 사람이다. 그의 작품을 읽는다는 것은 일종의 특권이다. 나는 그의 저작과 사상을 목회 사역에 꾸준히 활용해 왔다. 때로는 연극으로 옮기기도 하고 가르칠 때나 책을 쓸 때도 활용해 왔다. 덕분에 다른 이들의 은사를 향상시키는 나의 역량 또한 몰라보게 향상되었다. 나의 '한길 가는 순례'의 노정에 그의 글이 끼친 흐뭇한 영향력은 자못 크다. 이 기독교 고전을 추천할 수 있다는 것만으로도 영광이 아닐 수 없다.

질 브리스코 *Running on Empty* 저자

최고의 시편 안내서다. 시편 저자에 버금가는 피터슨의 열정과 통찰력의 조화가 놀라운 책이며, 탁월한 작가라 불리기에 손색없는 작가, 피터슨을 만날 수 있는 책이다.

팀 스태퍼드 『친구처럼 알아가는 하나님』 저자

고전으로서의 모든 요건—심오함, 초시간성, 삶을 변화시키는 힘—을 두루 갖춘 책!

리스 앤더슨 *Leadership That Works* 저자

피터슨은 '성전에 올라가는 노래'에서 진정한 기독교 영성의 총체를 발견한다. 그런 면에서 나는 이 책을 기독교 신앙이 진정 무엇인지를 알고자 하는 사람, 그리고 그 신앙대로 살고자 하는 사람 누구에게나 권하고 싶다.

해럴드 피케트 *Holy Fool* 저자

한길 가는 순례자

IVP(InterVarsity Press)는
캠퍼스와 세상 속의 하나님 나라 운동을 지향하는
IVF(InterVarsity Christian Fellowship)의 출판부로
생각하는 그리스도인을 위한 문서 운동을 실천합니다.

Originally published by InterVarsity Press
as *A Long Obedience in the Same Direction* by Eugene H. Peterson
2nd edition © 2000 by Eugene H. Peterson
1st edition © 1980 by Inter-Varsity Christian Fellowship of U. S. A.

Translated by permission of InterVarsity Press
P. O. Box 1400, Downers Grove, IL 60515, U. S. A.

Korean Edition © 2001, 2025 by Korea InterVarsity Press
156-10 Donggyo-ro, Mapo-gu, Seoul 04031, Republic of Korea.

한길 가는 순례자

유진 피터슨

김유리 옮김

시편이 가르쳐 주는 오랜 순종의 길

IVP

여전히 오랜 순종의 동반자인

루와 피터에게

차례

20주년 기념판 서문   13

1장	제자도	"앞으로 말들과는 어떻게 경주하겠느냐?"	17
2장	회개	"계달에 눌러앉은 지긋지긋한 내 신세"	29
3장	섭리	"하나님께서 모든 악에서 너를 지키시고"	43
4장	예배	"하나님의 집으로 가세!"	57
5장	섬김	"우리, 한시도 눈을 떼지 않고 숨죽여 기다립니다"	73
6장	도움	"그들의 올가미에서 벗어났다. 새처럼 자유를 얻었다"	87
7장	안전	"하나님께서 자기 백성을 둘러싸시네. 지금껏, 또 언제까지나"	103
8장	기쁨	"우리, 웃음을 터뜨렸네"	119
9장	일	"하나님이 지어 올리시지 않으면"	133
10장	행복	"복을 한껏 누려라! 행복을 마음껏 즐겨라!"	147

11장	인내	"저들은 어렸을 적부터 날 괴롭혀 왔지만, 결코 날 쓰러뜨리지는 못했지"	159
12장	소망	"내가 하나님께 기도드리며 그분의 말씀과 그분이 행하실 일을 기다린다네"	177
13장	겸손	"남의 일에 참견하지 않았고 거창하고 허황된 꿈을 꾸지도 않았습니다"	193
14장	순종	"그가 하나님께 약속한 일을 기억하소서"	209
15장	공동체	"머리에 부은 값진 기름이 머리와 수염을 타고, 그의 제사장 예복 깃을 타고 흘러내리는 모습 같구나"	227
16장	찬양	"성소를 향해 손을 들고 하나님을 찬양하여라"	245

에필로그	263
주	273

일러두기
- 본서에 인용된 성경 번역본은 유진 피터슨 『메시지』를 기본으로 사용하였고, 다른 번역본을 인용한 경우 표시하였습니다.
- 본서에 인용된 『메시지』 한국어판 저작권은 ㈜ 복 있는 사람의 소유로 허락을 받고 사용하였습니다.

20주년 기념판 서문

20년 전 이 책이 처음 출간된 이래 세계 전반적으로나 교회 구석구석에 이르기까지 엄청난 변화가 있었다. 나는 컴퓨터나 각종 기계 설비, 교통수단, 대중 매체의 최신 경향을 따라가지 않고서는 도태되고 말 것이라는 이야기를 어딜 가나 끊임없이 듣고 있다. 그래서 『한길 가는 순례자』 20주년 기념판을 내기 위한 개정 작업에 착수할 때까지만 해도 책을 많이 손볼 생각이었다.

그러나 정작 손본 것은 거의 없다. 변하지 않는 중요한 것들이 있다는 판단 때문이었다. 하나님은 변하지 않으셨다. 그분은 여전히 잃어버린 자를 찾고 구원하신다. 그리고 예수 그리스도 안에서 자신을 계시하시는 하나님에 대한 우리의 응답도 변하지 않았다. 우리는 듣고 따르든지 그렇게 하지 않든지 둘 중 하나다. 하나님과 하나님을 필요로 할 수밖에 없는 우리의 실존이라는 기본 전제 앞에 서면 우리는 언제나 원점으로 돌아간다. 그렇게 볼 때 우리는 매일 처음부터 다시 출발하는 것이다.

그래서 실질적으로 초판 그대로의 개정판이 나오게 된 셈이다. 단, 예수님을 따르기로 작정한 우리가 힘과 방향 감각을 얻을 수 있도록, 성경과 기도를 결합시키는 방법들을 재확인하기 위해 에필로그를 더했다. 그리고 몇몇 명사들의 추천사를 다른 사람들의 글로 교체하고(명사들의 명성처럼 가변적인 것도 없다!), 인용 사례 몇 가지도 바꿨다. 그래도 요지는 같다. 우리가 하나님과 그분의 길을 놓치지 않기 위해 우리 주변 세상을 초조하게 연구할 필요는 없음을 재차 확인시키는 내용이기 때문이다.

나는 예수님을 따른다는 것이 깊은 기도 생활 없이는 결코 길고 긴 순종으로 이어질 수 없다는 것과, 책의 골자인 열다섯 편의 '성전에 올라가는 노래'(시 120-134편)가 언제나 그리스도인들이 장기간에 걸쳐 그들의 모든 삶을 기도로 옮기고 또 그들이 기도한 그대로 살기를 배울 수 있는 주요 방편이 되었음을 알았다.

그러나 내 주변 사람들은 시편으로 기도하지 않는다. 늘 그것이 의아했다. 그리스도인들은 **언제나** 시편을 기도로 읊어 왔기 때문이다. 왜 나의 친구들이나 이웃들은 그렇게 하지 않았을까? 내가 깨달은 것은, 시편의 아름답고 조화롭고 운율적인 언어들은 현대 사회를 사는 이들의 어수선하고 복잡하고 좌충우돌하는 일상과는 너무도 거리가 멀다는 사실이다. 하지만 우리의 히브리 조상들이 처음 이 시편으로 기도하고 그것을 기록했을 때, 그들 역시 어느 모로 보나 오늘날 우리가 체험하는 것 못지않게 부산하고 복잡하고 좌충우돌하는 일상 속에 살았다. 나는 히브리어 원문으로부터 이 시편 기도들의 특징인 거칠다 싶을 만큼 강한 활력을 그대로 살려 옮기고 싶었다. 나는 여러분이 이 시편의 내용을 그저 멀리서 사모하는 데 그치지 말고 다시금 시편으로 **기도하기를** 바란다. 그리하여 그들이 교회에서 기도하기에 적합하다고 생각하는 내용이 아니라, 그들이 예수님을 따르면서 경험하고 느끼고 생각했던 모든 것을 놓고 기도하는 방법을 배우기를 바란다.

유진 피터슨

1장
제자도

"앞으로 말들과는 어떻게 경주하겠느냐?"

네가 사람들과의 경주에서도 이렇게 피곤해하면,
앞으로 말들과는 어떻게 경주하겠느냐?
예레미야 12:5상

'지상과 천상을 통틀어' 절대적인 사실은…
한 방향으로의 오랜 순종이 있어야만 하며,
그때에만 인생을 살 만한 가치가 있게 해 주는 결과가 있게 마련이고,
또 언제나 그래 왔다는 것이다.

프리드리히 니체,『선악의 저편』

이 세상은 은혜와 친구가 될 수 없다. 구주 되신 예수 그리스도를 위해 헌신하겠다고 작정한 사람에게는, 이내 몰려들어 잘했다고 박수 쳐 줄 군중도, 축하하고 격려하기 위해 한걸음에 달려오는 오랜 친구도 없다. 보통 노골적으로 싫은 티를 내지는 않지만, 영문을 모르겠다는 식의 못마땅한 표정이나 아예 초연한 무관심의 반응이 쌓이다 보면 어느새 위력을 발휘하는 적대적 분위기가 조성된다.

오랜 전승에 따르면 우리가 신앙생활을 하면서 직면하는 어려움은 세상과 육체와 사탄의 세 범주로 분류된다.[1] 그리고 대개의 경우 육체의 함정이나 사탄의 책략에 대해서는 경고를 많이 받는다. 그러한 유혹은 그나마 유형이 정해져 있고 역사적인 선례가 늘 있었기 때문이다. 그렇다고 물리치기가 한결 수월한 것은 아니지만 그래도 알아차리기는 쉬운 편이다.

그러나 세상은 변신에 능하다. 따라서 세대가 바뀔 때마다 우리는 새로운 형태의 세상을 상대해야 한다. **세상**은 어떠한 기운, 분위기로서 존재한다.[2] 죄인이 세상의 유혹을 간파하는 것은 물고기가 자기가 살고 있는 물이 탁류임을 깨닫는 것만큼이나 어렵다. 어딘가 정상이 아니고 건전한 환경이 아니라는 느낌은 있으나 그 성분을 밝혀낼 수는 없는 것이다. 우리를 둘러싼 영적 분위기가 우리의 믿음을 좀먹고 희망을 좌절시키고 사랑을 부패시킨다는 것은 알면서도, 무엇이 잘못되었는지 정확히 지목하기는 힘들다.

관광객과 순례자

그래도 그리스도인에게 해롭다고 단정할 수 있는 **세상적** 안목이 있다. 그것은 갖고 싶은 것은 얼마든지 당장 가질 수 있다는 가정이다. 일단 될 것 같으면 일사천리로 해치우는 것이 능사라고 생각한다. 우리의 집중력은 기껏해야 30초를 넘지 못하는 텔레비전 광고에 길들여져 있고, 현실 감각은 30쪽짜리 신문에 의해 평준화되었다.

이러한 세상에서 복음의 메시지에 대해 흥미를 느끼게 하기는 어렵지 않다. 그러나 그 관심을 지속시키기는 극도로 어렵다. 우리 문화권만 보더라도 한번 믿기로 결심한 사람은 수백만에 달한다. 그러나 감소율은 가공할 만하다. 여기저기서 거듭났다는 간증은 무성해도, 성숙한 그리스도의 제자가 되었다는 증거는 옹색하다. 우리 문화에서는 무엇이든, 심지어 하나님에 대한 메시지조차 포장이 색다르면 불티나게 팔리지만 그 참신함을 잃고 나면 쓰레기만 쌓여 간다. 방대한 규모의 종교 체험 시장에 비해 인고의 덕을 쌓으려는 열정은 고갈되어 버린 것 같다. 초대 교회 교인들이 거룩이라 칭한 오랜 수도 생활을 하겠다고 서원하는 사람도 거의 없다.

  이 시대의 종교는 관광객의 구미에 맞아야 한다. 사람들은 적당한 여가가 생기면 매혹적인 장소를 찾듯 종교를 물색한다. 주일 예배는 주말 소풍처럼 드려지고, 크리스마스나 부활절같이 특별한 날에나 한 번씩 교회를 찾는 이들도 많다. 일종의 종교적 오락이나 경건한 기분 전환을 기대하는 이들은 각종 수련회나 집회, 무슨 무슨 대회 등 이벤트성 프로그램에 일정을 짜맞춘다. 신선한 인물, 새로운 진리, 참신한 체험을 만나 어떻게든 지루한 삶의 반경을 넓히려 한다. 종교적인 생활에도 최신판, 최첨단이 판을 친다. 선(禪), 신유 종교, 인간 잠재력, 심령 과학, 성공하는 삶, 사찰식 기공 체조, 아마겟돈 등. 그렇게 새로운 것을 좇아 다니는 사이에 또 다른 신흥 종교의 출현이 줄을 이을 것이다.

  다른 문화권에서나 과거에는 어떠했는지 몰라도 오늘날 서구 문화권에서 목회자로서 신도들을 신앙의 길로 인도하는 데 가장 악재로 작용하는 것은, 고어 비달(Gore Vidal)이 "현대인의 즉각성과 일회성 추구 성향"[3]으로 분석한 이 **세상의** 속성이다. 너나없이 급하다. 예배를 인도할 때나 상담, 심방, 기도, 설교, 성경 공부 중에 만나는 성도들조차 (영원에 이르는) 즉시 발급되는 신용 카드의 작성 요령 같은 것을 구한다. 결과를 기다릴 만큼 느긋하지 못하다. 사는 모습은 관광객이면서 신용 포인트는 높길 원한다. 하지만 목회자는 관광 가이드가 아니다. 소재 불명의 성지에 얽힌 외경의 비화 따위를 소개하는 데는 관심이 없다. 그리스도인의 삶은 관광객의 자세로는 성숙할 수 없다.

적어도 영적 진리의 이러한 단면을 정확히 꿰뚫고 있었던 프리드리히 니체(Friedrich Nietzsche)는 이렇게 말했다. "'지상과 천상을 통틀어' 절대적인 사실은…한 방향으로의 오랜 순종이 있어야만 하며, 그때에만 인생을 살 만한 가치가 있게 해 주는 결과가 있게 마련이고, 또 언제나 그래 왔다는 것이다."⁴ 결국 세상의 분위기가 그토록 좌절시키려 드는 것도 이러한 "한 방향으로의 오랜 순종"이다.

우리 신앙인들이 세상의 그러한 조류를 인식하고 저항하는 데 매우 유용한 두 가지 성경의 명칭이 있다. 그것은 바로 **제자**와 **순례자**다. 여기서 **제자**(*mathētēs*)는 우리가 일생을 주인 되신 예수 그리스도의 제자로 살아야 할 자들임을 뜻한다. 우리는 언제나 성장 학습이 이루어지는 관계를 맺고 있다. 제자는 학습자이지만, 학업은 정규 학교 교실보다는 장인의 작업실에서 이루어진다. 하나님에 관한 정보가 아닌 신앙의 기술을 습득하기 때문이다.

또한 우리가 **순례자**(*parepidēmos*)인 것은 평생의 여정이 한 곳, 즉 하나님을 향한 것이기 때문이다. 그리고 예수 그리스도는 그 길이 되신다. "이 세상은 나의 집이 아니므로 나는 아버지의 집으로 간다"는 말씀을 우리는 알고 있다. (고향과 친척과 아버지의 집을) '떠났던' 아브라함은 우리의 원형이다. 예수님은 "주님, 저희는 주님이 어디로 가시는지 알지 못합니다. 그런데 어떻게 우리가 그 길을 안다고 생각하십니까?"라는 도마의 질문에, "내가 길이요 진리요 생명이다. 나를 떠나서는 그 누구도 아버지께 갈

수 없다"(요 14:5-6)고 대답하셨다. 히브리서는 우리의 순례를 이렇게 정의한다. "길을 개척한 이 모든 사람들, 이 모든 노련한 믿음의 대가들이 우리를 응원하고 있다는 말이 무슨 뜻인지 알겠습니까? 그들이 열어 놓은 길을 따라 우리가 앞으로 나아가야 한다는 뜻입니다. 달려가십시오. 절대로 멈추지 마십시오! 영적으로 군살이 붙어도 안 되고, 몸에 기생하는 죄가 있어서도 안 됩니다. 오직 예수만 바라보십시오. 그분은 우리가 참여한 이 경주를 시작하고 완주하신 분이십니다. 그분이 어떻게 하셨는지 배우십시오"(히 12:1-2).

두루마리 찬송가

성도들을 제자로 훈련시키는 순례의 동반가로서, 내가 목회 사역 중에 발견한 것은 히브리인의 오래된 두루마리 찬송, 시편이었다. 나는 사람들을 그리스도인의 길로 안내하고 믿음의 사람들이 그리스도 안에서 성숙하도록 의식적이고 지속적으로 노력하게끔 인도하는 데 시편들을 끊임없이 사용했다. 히브리어로 '쉬레이 하말롯'(*shiray hammaloth*) 즉 '성전에 올라가는 노래'로 불리는 이 찬송들은 시편 120-134편에 수록되어 있다. 이 열다섯 편의 노래는 히브리 순례자들이 성대한 예배 축제가 열리는 예루살렘으로 가는 여정 중에 순서대로 불렀던 노래로 보인다. 지리적으로 예루살렘은 팔레스타인에서 가장 높은 지대에 위치해 있기에, 그곳으로 가는 여행객들은 대부분의 시간을 등반에 보낸다.[5] 그러나 이 등반은 문자적 의미뿐만 아니라 은유적 뜻을 담고 있다. 예루살렘 성지 순례는 하나님을 앙망하는 상향적 삶을 시연하는 것이다. 곧 바울이 "하나님께서 우리를 손짓하여 부르시는 그 목표, 곧 예수만을 바라볼 뿐입니다"(빌 3:14)라고 했던, 발전적인 성숙의 단계로 이행하는 실존적 삶을 표상한다.

신실한 히브리인들은 1년에 세 차례 성지 순례길에 올랐다(출 23:14-17; 34:22-24). 히브리인들은 출애굽과 함께 구원받은 백성으로서 그들의 정체성은 시내산에서 확정되었고, 40년 광야 생활 동안 하나님의 가호도 보장받았다. 그런 만큼 정기적으로 예루살렘 순례길에 오르는 것은 자연스러웠다. 봄이면 유월절을 맞아 하나님의 구원을 새롭게 기억하고, 초여름 오순절에는 하나님의 언약 백성으로서 헌신을 재다짐하고, 초막절이 있는 가을에는 하나님이 베푸신 최상의 결실에 대해 복 받은 공동체로서 반응했다. 그들은 구속받은 백성이자 하나님의 계명을 지킬 의무가 있는, 복 받은 백성이었다. 그들은 이러한 실존적 근거를 연례 절기 때마다 선포하고 가르치고 찬양했다. 결국 그들은 절기와 절기 사이에, 때가 되어 언약 갱신을 위해 순례자로서 다시금 예루살렘 산성에 오를 때까지 매일 제자로서 사는 가운데 그러한 근본적 실재를 삶으로 살아 냈다.

제자로서의 일상을 접어 두고, 장터나 마을, 농촌과 도시에서의 삶의 터전을 떠나 순례자로서 예루살렘에 오를 때 이 열다섯 편의 시를 부르던 히브리인들, 그들의 모습은 그리스도인의 헌신이라는 이미지를 구체화시켜 준다. 이는 신앙 여정으로서의 우리의 삶을 이해하는 데 최선의 배경이 된다.

우리는 예수님이 아주 어릴 적부터 해마다 절기 때면 예루살렘을 여행하신 일을 잘 알고 있다(눅 2:41-42). 그러나 우리는 "예루살렘으로 올라가는 길에 예수께서 그들 앞에 서서 가시는데…놀라고…두려워[한]"(막 10:32, 개역개정) 최초의 제자들과 다르지 않다. 우리의 신앙 노정에도 예기치 못한 황당한 경우나 맞닥뜨리게 될 두려운 일이 있기에 우리 역시 허둥대고 두려움에 떤다. 그러므로 이 열다섯 편의 시를 노래하는 것은 놀라운 은혜에 답하는 방식이기도 하지만, 동시에 그러한 두려움을 떨치기 위한 대안이기도 하다.

그리스도를 따라가는 믿음의 길은 이스라엘이 이미 거쳐 간 그 길의 연속이다. 따라서 믿음의 길에 들어선 이들에게 '그 길에서 부르는 노래'보다 더 좋은 것은 없을 것이다. 그리스도인의 제자도에서 필수적인 많은 항목이(전부는 아니더라도) 이 노래에 삽입되어 있어, 우리가 누구이며 어디로 가고 있는지를 되새길 수 있는 방법을 가르쳐 준다. 나는 본문에 대한 학문적인 주해까지 시도하진 않았다. 대신 이 시편들을 사용하여 새로운 자극과 용기, 인도를 선사할 실제적인 묵상을 제시하고자 했다. 이 시편들이 우리가 정말 잘 부를 수 있는 노래가 된다면, 그리스도인의 그날그날의 행보를 인도할 일종의 '손안의 책'이 될 것이다.

시간과 시간 사이

폴 투르니에(Paul Tournier)는 『인간의 자리』(A Place for You, NUN)에서 시간과 시간 사이의 존재감을 묘사했다. 집을 떠나 목적지에 도착할 때까지의 시간, 사춘기를 지나 성인이 될 때까지의 시간, 의심을 벗어나 믿음에 도달하기까지의 시간.[6] 그것은 마치 공중그네 곡예사가, 그네를 떠나 맞은편에 있는 다른 곡예사의 손을 잡기 위해 허공에 떠 있는 시간과도 같다. 위험과 기대, 불확실, 흥분, 아주 특별한 생동감이 넘치는 시간이 아닐 수 없다.

그리스도인 역시 '사이 시간'을 살기는 마찬가지여서, 이 시편들이야말로 그러한 순간에 불릴 노래임을 절감할 수 있을 것이다. 세상의 환경을 떠나 성령의 회중으로 모일 때까지의 시간, 죄를 떠나 성결에 이르기까지의 시간, 일요일 아침 집을 떠나 하나님의 백성과 더불어 교회에 도착하기까지의 시간, 율법의 행실을 떠나 칭의에 이르기까지의 시간 등이 있다. 이 시편들은 과도기의 노래, 곧 하나님이 예수 그리스도 안에서 우리를 인도하시는 곳에 도달할 수 있도록 용기와 지지, 내적 방향 감각을 제공해 주는 간결한 찬송이다.

그동안 세상은 이렇게 속삭인다. "왜 고민하지? 그렇게까지 전전긍긍하지 않아도 얼마든지 즐길 수 있잖아. 과거는 무덤이야. 무시해 버려. 미래에는 파멸이 기다리고 있지. 그건 피해 가면 그만이야. 제자로 살아 봤자 보상도 없어. 순례의 끝이 어딘데? 하나님을 만나는 빠른 길이 있어. 즉석 발급되는 은사를 사봐!" 그러나 여기 다른 목소리도 있다. 그 목소리는 더 끌리지는 않아도 더 진실하기는 하다. 토마스 서즈(Thomas Szasz)는 임상과 저술을 통해, "가장 단순하면서도 가장 유구한 인간 세계의 진실"이라 칭한 것에 대한 경의를 회복하려 했다. 그 진실이란 "삶은 분명 가혹하고 비극적인 투쟁이다. 우리가 '정신분열되지 않은 상태'를 일컫는, 소위 '정상적'이라는 것은 탁월한 실력을 쌓기 위한 고군분투, 갈등에 직면함으로써 어렵게 얻은 긍휼, 침묵과 고난을 통해 배운 겸손과 인내와 매우 깊이 관련되어 있다"[7]는 것이다. 그의 증거가 타당하다면 '성전에 올라가는 노래'의 세계로 뛰어들기로 한 이들의 결심은 무모하지 않다. 거기서 그들은 지혜를 발견하느라 애쓰면서 활력을 얻을 것이다.

두말할 것도 없이 이사야가 묘사했던 무리 역시 그러한 방식으로 시편들을 사용했을 것이다. "그들이 말하리라. '자, 하나님의 산에 함께 오르자. 야곱의 하나님의 집으로 가자. 그분이 우리에게 그분의 길을 보여 주실 것이다. 그러면 우리, 가야 할 길을 알게 될 것이다.' 시온에서 계시가 흘러나온다. 하나님의 메시지가 예루살렘에서 나온다"(사 2:3). 그리고 이 시편들은 "너희는 노래하리라. 밤새 거룩한 축제일을 지키며 노래하리라! 너희 마음속에서 노래가 터져 나오리라. 하나님의 산으로 향할 때, '이스라엘의 반석'께 행진하며 나아갈 때 부는 피리소리 같은 음악이 흘러나오리라"(사 30:29)는 약속의 증거이기도 하다.

믿음의 길을 떠난 이들은 때때로 지원을 요청한다. 힘이 빠질 때는 기운을 돋우어 주고 시야가 흐릴 때는 방향을 일러 줄 누군가가 필요하다. 폴 굿맨(Paul Goodman)의 "풀 죽은 기도"(little prayers)가 우리를 대변한다.

    살인적인 노정,
    맥없이 끌려가는 발걸음,
    버텨 내기에는 너무 먼 길,
    갈 마음도 없다.

    ―제게 여행자의 노래를 가르쳐 주십시오, 주님.
    보이 스카우트 단원이던 어린 시절
    큰 소리로 외쳐 댔던,
    진군하며 부를 노래를요.[8]

'성전에 올라가는 노래'는 더 이상 관광객이 아닌 순례자로 살기로 한 이들을 위해 안내서와 지도로서의 실용성뿐 아니라, 여행 노래로서의 흥겨움까지 겸비하고 있다. 윌리엄 포크너(William Faulkner)는 그 노래의 겸허한 간결성을 탁월하게 묘사했다. "시편의 이 노래들은 기념비가 아니라 발자국이다. 기념비에는 '적어도 나는 이만큼은 해냈노라'고 적혀 있다. 그러나 발자국은 '다음 걸음을 뗄 때까지 잠시 여기 머물다 가노라'고 말한다."[9]

2장
회개

"게달에 눌러앉은 지긋지긋한 내 신세"

곤경에 처한 이 몸, 하나님께 부르짖네.
간절히 응답을 구하네.
"하나님, 구해 주소서!
만면에 미소를 띠고 입술에 침도 바르지 않은 채 거짓말을 해 대는
저들에게서 나를 구하소서!"
너희, 얼굴에 철판을 깐 사기꾼들아,
앞으로 무슨 일이 닥칠지 알기나 하느냐?
날카로운 화살촉과 뜨거운 숯덩이가
너희가 받을 상이다.
메섹에 사는 내 신세
게달에 눌러앉은 지긋지긋한 내 신세,
쌈박질 좋아하는 이웃 사이에서 평생을
이리저리 부대끼며 사는구나.
나는 평화를 바라건만, 악수를 청하면
무턱대고 싸움을 걸어 오는 저들!
시편 120편

자기가 할 수 있는 일에 앞서
해서는 안 될 일이 무엇인가
먼저 챙겨 볼 일이다.

맹자

거짓과 악의가 판치는 문화, 그러한 문화에 잠겨 있는 사람은 익사할 것 같은 자신을 발견한다. 이제 그들은 무엇을 듣고 누구를 만나도 좀처럼 믿질 못한다. 세상에 대한 그러한 불만족은 실은 그리스도의 제자가 되기 위한 여정의 준비다. 그러한 불만족이 평안과 진실을 향한 갈망과 짝을 이루어, 완전하신 하나님을 만나는 순례길로 우리를 이끈다.

세상의 길에 철저히 비위 상한 사람만이 그리스도인의 길에 오를 동기를 발견한다. 차기 선거로 범죄가 종식되고 정의가 확립된다거나 과학의 눈부신 발전이 환경을 구할 수 있고 임금 인상과 함께 불안 끝, 안도 시작의 날이 올 것이라고 믿는 한, 신앙생활에 수반되는 **불확실**의 모험을 무릅쓰기는 힘들 것이다. 세상의 길에 물릴 대로 물린 사람이라야 은혜의 세례에 욕구를 느낄 수 있다.

시편 120편은 거짓에 앓고 증오로 무력해진 이, 이 세상의 판도에 차라리 고뇌를 벗삼아 살아 온 이를 위한 노래다. 그러나 이 노래는 단순한 절규가 아니다. 그것은 차라리 절망을 관통해서 새로운 시작을 자극하는 아픔이다. 그 시작이란 하나님을 향한 여행으로, 곧 평안의 삶을 연다.

자신을 그리스도의 제자로 드리고 그리스도인의 여정에 오른 모든 이의 공통점이 이 열다섯 편의 노래에 묘사되어 있다. 그 첫 번째인 시편 120편은 그들을 모는 목자의 막대기다. 촉촉한 우수나 풍부한 서정성 따위는 없다. 아름다운 시 한 수를 기대했는가? 오히려 귀에 거슬리고 마음을 영 불편하게 만드는 노래를 만날 것이다. 그러나 바로 여기에 출발점이 있다.

감쪽같은 거짓

첫마디부터 "곤경에 처한 이 몸"인 이 노래는 "싸움을 걸어 오는 저들"이라는 말로 끝난다. 즐거운 노래는 아니지만 솔직 담백하고 꼭 필요한 노래다.

남자들은 서로 치고받고, 여자들은 서로를 헐뜯는다. 우리는 모태로부터 경쟁을 배웠다. 세상은 안식이 없고 늘 싸움으로 들끓는다. 건강한 관계를 맺으며 살아가는 방법은 아무도 모르는 듯하다. 공동체란 공동체는 모조리 파벌을 이루고, 모이는 곳마다 싸움판이 벌어진다. 그저 한순간, 무언가 다른 일, 더 선한 일을 위해 지음받았음을 깨닫지만—'나는 화평을 원한다'—주변 환경은 그런 각성을 좌초시키고 우리는 아무런 격려도 얻지 못한다. "나는 평화를 바라건만, 악수를 청하면 무턱대고 싸움을 걸어 오는 저들!"

이 노래의 시작과 끝에 나오는 고민은 더 이상 외면할 수 없는 우리의 현실에 대한 뼈아픈 자각이다. 사실상 세상은 우리가 마음으로 그려 온 것과는 다르다. 제대로 된 것은 하나도 없고 더 나아질 것 같지도 않다. 우리는 기억력이라는 것이 생길 때부터 다음과 같은 거짓말을 들으며 자라 왔다. 즉, 인간은 근본적으로 선하고 올바르다. 모든 사람은 평등하고 자립적이고 죄 없이 태어났다. 세상은 즐겁고 안전한 곳이다. 인간은 원래 자유롭게 태어났는데 지금 속박 상태에 있는 것은 누군가의 잘못이며 두뇌와 노력과 시간을 좀 더 투자하면 얼마든지 바로잡을 수 있다는 것이다.

오랜 세월 그와는 정반대의 증거들을 겪으면서도 어떻게 그 말들을 계속 믿을 수 있는지 정말 모를 일이다. 그럼에도 우리는 그 거짓 주문에서 좀처럼 풀려나지 못한다. 우리는 여전히 조금이라도 나아지길 기대하고 그렇지 못하면 직성대로 못 해 안달이 난 아이처럼 떼를 쓴다. 원망이 쌓여 분노가 커지고 폭력으로 분출된다. 지금 겪고 있는 일은 당연한 게 아니고 예외일 뿐이라는 거짓에 세뇌되어, 누군가에게 안 좋은 일을 당할 때마다 조금이라도 잊어 보려고 틈만 나면 자주 휴가를 즐긴다. 휴가가 끝나면, 다시 사건의 홍수에 떠밀리고, 모든 일이 잘 풀릴 거라는 순진한 바람은 또 한 번 위축되고 우리는 어찌할 바를 모르고 상처 입게 된다. "만사 오케이"라는 거짓말이 심각한 불법을 은폐하고 영속시키며 폭력과 전쟁, 약탈을 위장한다.

그리스도인으로서의 자의식은 우리가 진실이라고 가정했던 것이 사실은 거짓이라는 고통스러운 깨달음에서 비롯된다. 기도는 즉각적이다. "하나님, 구해 주소서! 만면에 미소를 띠고 입술에 침도 바르지 않은 채 거짓말을 해 대는 저들에게서 나를 구하소서!" 나의 필요와 욕구를 채워 주겠다는 거짓 광고와 기쁨을 얻는 손쉬운 길을 약속하는 연예인의 거짓말, 우리를 권력과 도덕성으로 이끄는 척하는 정치인의 거짓말, 행복하고 성공적인 삶을 오래오래 영위할 수 있도록 행동 방식과 윤리 의식을 구축해 주겠노라는 심리학자들의 거짓말, "이 백성의 상처를 속히 치료하겠노라"는 사이비 종교의 거짓말, 내 운명의 주인은 나라고 추켜세워 주는 척하는 도덕주의자들의 거짓말, "하나님의 계명은 버리고 사람의 전통은 지키[게]"(막 7:8, 개역개정) 하는 목회자들의 거짓말로부터 우리를 구하소서. 생명을 논하면서 그리스도는 제외시키는 사람, 세상적인 방식대로 똑똑하고 성령의 역사를 무시하는 사람들로부터 우리를 구하소서.

   그 거짓말들은 완벽하게 사실적이다. 빈틈이라고는 없다. 모순되거나 엉터리인 자료는 아예 걸러 낸다. 그러나 그것은 언제나 거짓이다. 그들은 우리가 누구인지를 말하면서 하나님에 근거한 우리의 기원과 운명에 대한 사실은 모두 삭제한다. 세상에 대해 말할 때도, 그것을 만드신 하나님에 대해서는 한마디도 하지 않는다. 우리의 몸에 대한 설명에도 그것이 성령의 전이라는 언급은 없다. 우리를 사랑으로 훈육한다고 하지만 우리를 사랑하사 자기 자신을 내어 주신 하나님 이야기는 없다.

갈림길을 밝혀 주는 불빛

시편 120편 본문에서 **하나님**(야웨)이라는 단어는 겨우 두 번 나온다. 그러나 그것은 본문 전체의 실마리가 된다. 하나님이 일단 우리의 의식 속에 들어오시게 되면 새로운 지평이 열린다. 모든 거짓말은 자신의 창조와 구속 사역으로 스스로를 계시하시는 하나님에 의해 낱낱이 폭로된다. **하나님**이라는 단어가 발설되는 순간, 하늘을 찌를 듯한 세상의 거짓됨이 만천하에 드러나고, 비로소 우리는 진실을 보게 된다. 나에 대한 진실은 하나님이 나를 만드시고 사랑하신다는 것이다. 내 옆에 있는 사람에 관한 진실은 하나님이 그들을 만드셨고 사랑하신다는 것, 그러므로 그들은 모두 나의 이웃이라는 것이다. 세상에 대한 진실은 하나님이 세상을 다스리시고 필요한 모든 것을 공급하신다는 것이다. 타락한 세상에 관한 진실은 나와 내 곁에 앉아 있는 이웃이 하나님이 우리를 위해, 우리 위에, 우리 안에 계심을 거부함으로써 범죄했다는 것이다. 우리의 인생과 역사의 축을 이루는 것에 관한 진실은, 예수 그리스도께서 우리의 죄를 위해 십자가에서 죽으시고 우리의 구속을 위해 무덤에서 부활하셨다는 것과, 우리가 그분을 믿고 그분의 자비를 받아들이고 그분의 사랑에 응답하고 그분의 명령을 따름으로써 새 생명에 참여하게 되었다는 것이다.

"도로를 달릴 때 조명이 가장 절실한 곳은 분기점이다"[1]라는 존 베일리(John Baillie)의 말처럼 시편 저자의 **하나님**은 그러한 갈림길을 비추어 주는 불빛이다. 시편 120편은 다른 길 대신 이 한길을 택하는 결정이요, 안이한 삶에 대한 몽상적인 향수로부터 믿음으로 남루한 제자의 순례길로 이행하는 전환점이자, 잘못된 것에 대한 불평에서 모든 선한 것에 대한 추구로 돌아서는 분기점이다.

그러한 결정은 모든 대륙에서, 모든 언어로 선포되고 노래된다. 유구한 인류 역사에서 세기마다 모든 종류의 삶에서 그러한 결정이 실현되었다. 일요일 아침마다 전 세계에서 그리스도의 숱한 제자들이 그러한 결정을 조용히(때로는 그와 반대로) 공표한다. 주중에는 가정과 공장, 학교, 사업체, 사무실, 들판에서 매일같이 그러한 결정들을 간증한다. 바로 그러한 결정을 내리고 거기서 기쁨을 얻는 사람들을 그리스도인이라 부른다.

'예'를 위한 '아니요'

하나님을 향한 첫걸음은 세상의 거짓말로부터 발을 떼는 것이다. 동시에 우리 자신과 이웃, 우주 만물에 대해 들었던 거짓말을 폐기하는 것을 포함한다. "메섹에 사는 내 신세, 게달에 눌러앉은 지긋지긋한 내 신세, 쌈박질 좋아하는 이웃 사이에서 평생을 이리저리 부대끼며 사는구나." 메섹과 게달은 지명이다. 메섹은 팔레스타인 지방으로부터 수천 킬로미터 떨어진 남러시아의 종족이고, 게달은 이스라엘 변방을 떠돌며 야만인 취급을 받는 베두인 족속으로 이방인과 원수를 표상한다. 이 한탄을 의역하면 다음과 같다. "나는 폭력배와 야만인들 속에서 살고 있구나. 이 세상은 내 집이 아니야. 빨리 벗어나고 싶다!"

세상의 거짓말에 대해서는 '아니요', 하나님의 진리에 대해서는 '예'라고 하는 성경적 언어는 **회개**다. 그리스도인의 삶에서 첫마디는 언제 어디서고 이 단어였다. 세례 요한이 외친 말도 "회개하라. 천국이 가까이 왔느니라"(마 3:2, 개역개정)였고, 예수님이 처음으로 선포하신 말씀도 "회개하라. 천국이 가까이 왔느니라"(마 4:17, 개역개정)였다. 베드로 역시 첫 번째 설교를 "회개하여…세례를 받고"(행 2:38, 개역개정)라는 말로 맺고 있다. 성경의 마지막 책인 요한계시록에서도 일곱 번째 교회에 대한 책망이 "열심을 내라. 회개하라"(계 3:19하, 개역개정)였다.

회개는 어떠한 감정이 아니다. 자신의 죄에 대한 불편한 느낌도 아니다. 회개는 결단이다. 내가 나 자신의 삶을 마음대로 경영할 수 있고 나 자신의 신이 될 수 있다는 가정이 틀렸음을 판결하는 것이다. 내가 가진 능력이나 교육적 배경을 순전히 스스로의 힘으로 쟁취했다거나 그럴 수 있다는 생각이 잘못되었음을 판결하는 것이다. 아울러 나 자신과 이웃, 세상에 대해 배운 것이 온통 거짓이었음을 언도하는 것이다. 그리고 하나님이 예수 그리스도 안에서 나에게 말씀하고 계신 것이 진실이라고 판결하는 것이다. 회개는 하나님이 나에게 원하시고 내가 하나님께 바라는 것이, 옛것을 답습하고 옛 사고를 고수한 채로는 성취될 수 없음을 깨닫는 것이다. 회개는 예수 그리스도를 따르고 화평의 길로 행하는 그의 순례자가 되겠다는 결단이다.

회개야말로 가장 실천적인 말이요, 가장 실천적인 행동이다. 그것은 일종의 현실에 뿌리박은 말이다. 한 인격이 하나님이 창조하신 실재와 접촉하게 되는 것도 이 회개를 통해서다. 엘리 위젤(Elie Wiesel)은 하시딤(Hasidim: 주전 2세기경 종교법에 엄격하게 복종하는 데 열중했던 유대교 종파의 일원—편집자 주)의 이야기를 언급하면서 한 가지 모티브가 반복해서 재현되는 릿침(Rizhim)에 대한 이스라엘 설화를 소개하고 있는데, 그 내용은 이렇다. 한 여행자가 숲에서 길을 잃었는데, 날은 어두워지고 그는 무서웠다. 도처에 위험이 도사리고 있었다. 돌연한 폭풍으로 숲의 적막이 가셨다. 그때 미련한 자는 번쩍이는 번갯불을 보지만 지혜로운 자는 번갯불이 비추어 준 자기 앞에 놓인 길을 바라본다.[2]

지금까지 익숙해 있던 삶의 길을 거부할 때마다 아픔이 따른다. 그러나 그 길이 사실상 죽음과 분쟁의 길이라면 빨리 떠날수록 좋은 것이다. 우리 몸에서도 내장이 서로 들러붙는 유착 증세가 진행될 수 있는데, 이 경우 수술이라는 결정적인 개입에 의해 원상 복구될 수 있다. 예루살렘 성경은 3-4절을 "하나님이 신실치 못한 혀의 거짓 맹세를 무엇으로 갚아 주실꼬? 숯불에 달궈진 화살이리로다!"로 번안했다. 에밀리 디킨슨(Emily Dickinson)이 남긴 문장은 명구다. "악덕 사절!"

하나님의 화살은 회개의 촉발을 겨냥한 심판이다. 악인에게 내려진 심판의 고통은 그로 하여금 사악하고 난폭한 길을 떠나 화평의 길로 가는 우리의 순례길에 동참하게 할 수 있다. 어떤 상처는 가치가 있다. 우리를 그리스도 안에 있는 영생을 따르도록 해방시킴으로써 화평의 길로 들어서게 하기 때문이다. 그 아픔은, 역사는 막다른 골목이 아니며 죄책은 끝도 없는 나락이 아니라는 인식을 잉태한다. 그것은 곤고함을 벗어나는 길, 회개 곧 하나님께 돌아섬으로써 시작되는 길이 언제나 있다는 발견이다. 하나님의 백성이 환난 가운데 살고 있음을 보고 낙심할 때마다, 지금과는 다른 날의 모습을 보여 주면서 소망을 심어 주는 누군가를 늘 만나게 된다. "그날이 오면, 이집트에서 앗시리아까지 이어지는 대로가 열릴 것이다. 앗시리아 사람들이 이집트에서, 이집트 사람들이 앗시리아에서 마음껏 활보하며 다닐 것이다. 더 이상 적수가 아닌 그들, 이집트 사람들과 앗시리아 사람들이 함께 예배를 드릴 것이다!"(사 19:23) 지금까지 이스라엘이 알고 있는 앗시리아는 전쟁뿐이었으나, 이사야의 환상은 예배드리고 있는 앗시리아를 보여 준다. 변화의 촉매제는 회개다. 이제 낙담이 변해 훗날 예언자가 복음이라 칭한 것이 된다.

이스라엘 역사는 세상과 절연한 두 번의 결정적 행위에 의해 진행되었다. "그 하나는 아브라함 때 메소포타미아를 등진 것이었고, 나머지 하나는 모세 때 이집트를 등진 것이었다."[3] 그리고 그 행위는 이스라엘 민족으로 하여금 하나님 편에 설 수 있도록 자유를 주었다. 고대 세계에서 모든 지혜와 힘은 메소포타미아와 이집트에 집중되어 있었고, 바로 그런 정황에서 이스라엘은 그들을 등진 것이었다. 그들의 문화는 분명 놀랄 만큼 위대했지만 그 안에는 근본적으로 용납할 수 없고 그릇된 그 무엇이 있었다. "나는 평화를 바라건만, 악수를 청하면 무턱대고 싸움을 걸어 오는 저들!" 메소포타미아의 힘과 이집트의 지혜는 하나님과 분리된 권력이요 지식이었기에 파국과 함께 몹쓸 결실만을 거두었다.

현대의 역사 해석은 메소포타미아와 이집트의 거짓말의 변종일 뿐이다. 아브라함 헤셸(Abraham Heschel)의 표현에 따르면 그 거짓말은 다음과 같다. "인간은 유일한 적수인 자연마저 휘하에 거느리며 천하를 다스린다. 인간은 자존하며 자유롭고 날로 강해진다. 신은 실존하지 않거나 참견하지 않거나 둘 중 하나다. 역사의 주권은 인간에게 있고 운세는 주로 힘에 의해 변한다. 인간의 구원은 그 자신에게 달려 있다."[4]

그래서 이스라엘은 세상에 대해 '아니요'라 말하고 순례하는 백성이 되어, 거짓과 폭력의 전쟁터를 지나 화평과 의의 길을 택하고 죄의 미궁을 빠져나가 하나님께 이르는 길을 발견했다.

그러나 그들이 그렇게 함으로써 기적적으로 에덴으로 돌아가 원시적인 무죄 상태로 살았다거나, 신비스런 천상의 도시에서 초자연적인 황홀경을 누리며 살지는 않았음을 우리는 잘 알고 있다. 그들은 누구나 그렇듯이, 또한 그리스도인들이라도 그렇듯이 세상 속에서 일하고 놀고 고통을 당하고, 또 죄를 지었다. 그러나 이제 그들은 어떤 곳, 즉 하나님께로 **가고 있는 중이다**. 하나님의 진리가 그들의 삶에 의미를 부여해 주고, 하나님의 은혜가 그들의 삶을 완성하고, 하나님의 용서가 그들의 삶을 새롭게 하고, 하나님의 사랑이 그들의 생에 복을 줄 것이다. 세상을 거부함으로써 해방된 그들은 이전에 알지 못했던 영광스러운 자유를 얻었다. 시편 저자가 메섹과 게달 족속 때문에 호소한 하나님의 심판은 비록 독설조였지만, 실상은 그들을 순례에 동참시키기 위한 신랄한 회개로의 초대였다.

미국 역사에서 감격스런 대목은 19세기, 신대륙 이민사에 관한 것이다. 수천 수백만의 사람들이 가난과 멸시, 박해로 불행했던 유럽에서의 삶을 뒤로하고 떠나왔다. 새출발이 가능한 곳이 있다는 말을 들었기 때문이다. 그래서 그들은 그 땅에 대한 정보를 갖고 억압 대신 도전이 기다리고 있는 환경을 택했다. 독일인, 이탈리아인, 스코틀랜드인에서 미국인이 된 그들의 이야기는 오늘도 집집마다 생생한 집안 내력으로 전해지고 있다.

나의 할아버지도 지금으로부터 100년 전, 기근을 피해 노르웨이를 떠나왔다. 할머니와 열 명의 자녀는 할아버지가 충분한 돈을 벌어 다시 데리러 올 때까지 2년간 그곳에 남아 있어야 했다. 할아버지가 처음 일한 곳은 피츠버그의 제철소였다. 그러나 정작 식구들을 데려온 후에 그는 꿈을 이루게 해 준 피츠버그를 떠나, 더 나은 곳을 찾아 몬태나주로 갔다. 할아버지는 몬태나주에 흠뻑 빠졌다.

이 모든 이민 이야기에는 탈출과 모험이라는 요소가 얽혀 있다. 불행한 환경으로부터의 탈출, 자유롭게 새출발을 할 수 있고, 성장과 창조의 기회가 열려 있는 더 나은 삶을 위한 모험! 내용은 달라도, 신앙의 이주라는 점에서 탈출과 모험이라는 플롯을 공유하는 것은 우리 그리스도인의 이야기도 마찬가지다.

"메섹에 사는 내 신세, 게달에 눌러앉은 지긋지긋한 내 신세,

쌈박질 좋아하는 이웃 사이에서 평생을 이리저리 부대끼며 사는 구나." 그러나 우리는 더 이상 그곳에 거할 필요가 없다. 그리스도인이 되는 첫 관문인 회개를 통해 빛의 길로 들어섰기 때문이다. 그것은 거절이자 수용이며, 도착을 위한 출발이고, 하나님께는 '예' 하고 세상에 대하여는 '아니요'라 말하는 것이다.

3장

섭리

"하나님께서 모든 악에서 너를 지키시고"

눈을 들어 산을 보네.
산이 내게 힘이 되어 줄까?
아니, 내 힘은 오직 하나님,
하늘과 땅과 산을 만드신 그분.
그분께서 너를 붙드신다.
너의 보호자인 하나님은 잠드시는 법이 없다.
결코 없다! 이스라엘의 보호자는
졸거나 주무시는 법이 없다.
하나님은 너의 보호자,
네 오른편에서 너를 지키시니,
햇빛을 막아 주시고
달빛을 가려 주신다.
하나님께서 모든 악에서 너를 지키시고
네 생명을 지키신다.
너의 떠나는 길과 돌아오는 길을 지켜 주신다.
지금도 지키시며 앞으로도 영원히 지켜 주신다.
시편 121편

진리에서 벗어나면서까지
내 눈에 잘될 것 같은 쪽을 택하는 것은 무모하다.
그러한 일탈은 실속이 없다.
무엇이 옳은지는 우리의 상황 판단이 아니라
하나님 말씀의 진리에 비추어 볼 일이다.
하나님의 신실하심과 도우심에 대한 약속이
바로 거기에만 있기 때문이다.
가장 현명한 제자의 길은 오직 하나님 말씀 곁에
머무는 것이라는 말 또한 언제까지나 진리일 것이다.

디트리히 본회퍼

세상을 마다하고 하나님을 택한 순간, 모든 문제가 해결되고 의심이 사라지고 고민이 끝날 것이다. 하나님과 화평한 가운데 있으므로 그 무엇도 영혼의 평온함을 방해할 수 없다. 하나님과 나 사이에 모든 것이 잘될 것이라는 복된 확신이 흔들리는 일 따위는 결코 없을 것이다. 어떤 것도 그 누구도 예수 그리스도에 대한 믿음으로 확고해진, 기쁘기 한량없는 관계를 틈타지 못할 것이다. 우리 그리스도인은 사고를 당하거나 배우자와 다투거나 동료의 오해를 사거나 말 안 듣는 자녀를 두는 일 따위는 없을 것이다.

짓누르는 의심, 솟구치는 분노, 절망적인 고독, 병원에 실려 가는 사고, 망신스러운 언쟁, 우리를 몰아세우는 반항, 억울한 비난, 이것들 중 어느 하나라도 발생했다면 그것은 하나님과 당신의 관계가 어딘가 잘못됐다는 신호다. 의식적으로든 무의식적으로든 하나님께 '예'라 말한 것을 철회한 결과다. 그래서 당신의 변덕스러운 믿음을 참지 못한 하나님은 정말 관심을 쏟을 만한 가치가 있는 누군가를 돌보기 위해 멀리 가 버리셨다.

정말 그렇게 믿는가? 그렇다면 당신이 믿지 못할 기쁜 소식이 여기 있다. 당신은 틀렸다.

누군가 우리에게 틀렸다고 지적하면 당혹스럽고 수치스러운 나머지, 당장 쥐구멍이라도 찾고 싶을 때가 있다. 그러나 반대로 내가 틀렸다는 사실이 너무 다행스럽고 이내 마음이 놓이면서 도리어 기운이 솟을 때가 있다. 어차피 성사시키지도 못할 일에 더 이상 매달려 있을 필요가 없기 때문이다.

몇 년 전, 나는 뒷마당에서 잔디 깎는 기계의 칼날을 갈기 위해 기계를 눕혀 놓고 칼날 부분을 떼어 내려고 했다. 렌치를 가져다가 너트를 최대한 돌려 보았지만 꿈쩍도 하지 않았다. 다시 길이가 1.2미터나 되는 파이프를 가져와 렌치 손잡이에 끼우고 힘을 줘 봤지만 소용없었다. 이번에는 커다란 돌을 주워다가 파이프를 있는 힘껏 내리쳤다. 일이 그쯤 되다 보니 슬슬 부아가 치밀었다.

그때 옆집 사람이 나를 보더니, 자기도 그런 경우가 있었는데 자기 기억이 맞다면 나사가 반대 방향으로 박혀 있기 때문일 거라고 했다. 나는 반대 방향으로 나사를 돌려 보았다. 나사가 정말로 쉽게 풀렸다. 내 방법이 틀렸음을 알게 되어 기뻤다. 낙담과 실패로부터 구출된 셈이었다. 내 식대로 고집했더라면 아무리 애를 써도 될 턱이 없었다.

시편 121편은 잔잔하고 온화한 목소리로, 우리가 가고 있는 그리스도인의 길이 틀렸을지도 모른다고 말한 다음, 아주 알기 쉽게 바른길을 보여 준다. 이는 우리로 하여금 그리스도인의 길에 들어서게 해 주는 시편 120편을 잇는 꼭 필요한 후속편이다. 소외와 불신은 우리로 하여금 하나님을 무시하거나 거절하는 삶의 방식 가운데 불만족과 불안을 느끼게 만들었다. 시편 121편은 이러한 소외와 불신이 가져오는 혼란스럽고 당황스러운 감정을 적절하게 표현한다. 그리고 우리로 하여금 '마귀의 일'을 거부하고 예수 그리스도 안에서 믿음의 길을 가도록 회개를 독려한다.

그러나 부푼 가슴에, 열정적으로 믿음의 강에 뛰어들자마자 코에 물이 차 숨이 막힐 듯이 콜록거리고 허우적거리게 된다. 자신만만하게 믿음의 길로 성큼 걸어 들어가기가 무섭게 장애물에 걸려 넘어지고 단단한 바닥에 부딪혀 무릎과 팔꿈치에 상처를 입는다. 그리스도인의 길에 들어선 많은 이들은 그들이 만나는 뜻밖의 곤경들 때문에 놀라게 된다. 우리는 곤경에 대해 생각해 보지 않았다. 전혀 다른 것을 기대했었다. 즉 에덴동산이나 새 예루살렘을 염두에 두고 있었던 것이다. 돌연 현실에 눈뜨게 되면서 도와줄 손길을 찾아 사방을 둘러본다. "눈을 들어 산을 보네. 산이 내게 힘이 되어 줄까?"

그럴 때, 우리에게 다가와 우리가 그릇된 길로 행하고 있으며 엉뚱한 곳에서 도움을 찾고 있음을 알려 주는 이웃, 바로 시편 121편이 있다. 이는 "하나님은 제쳐 둔 채 먼 산만 바라보며 고통에 대한 해결책을 찾아 멀고도 구불구불한 우회로를 도는"[1] 우리의 현주소를 일러 준다.

여행 일지

여행자들이 해를 당할 수 있는 세 가지 경우가 시편 121편에 소개되어 있다. 도보 여행자라면 발부리의 돌을 헛디뎌 발목을 삘 수 있다. 뜨거운 햇볕에 장시간 노출되어 있다 보면 일사병으로 실신할 수도 있다. 도보로 장거리 여행을 하다 보면 피로와 염려에 짓눌려 감정적으로 병들 수 있는데, 고대 작가들은 이를 '문스트로크'(moonstroke: 광기, 정신 착란을 뜻한다. 점성학에서는 달빛의 영향으로 정신병이 온다고 믿었다 – 역주)라 했다.

그렇다면 오늘날의 위험 요소들은 무엇인가? 각종 법규는 어처구니 없이 쉽게 위반된다. 권총이나 폭발물을 소지한 미치광이 때문에 300명이나 되는 비행기 탑승객의 전산 처리된 여행 일정이 졸지에 엉망이 된다. 각종 질병은 갈수록 약물의 효능을 능가하여 우리의 몸에 침투해 불구나 사망에 이르게 한다. 자동차, 사다리, 운동으로 인한 사고는 공들여 세운 우리의 계획을 예고도 없이 하루아침에 무산시킨다. 물론 안전 규칙 학습이나, 안전벨트 착용, 보험 정책 실시 등의 예방책을 취할 수 있으나 안전이 보장되는 것은 아니다.

이러한 위험들에 대해 시편은 다음과 같이 말한다. "그분께서 너를 붙드신다.…하나님은 너의 보호자,…햇빛을 막아 주시고 달빛을 가려 주신다." 그렇다면 그리스도인은 결코 발목도 삐지 않고 일사병에 걸릴 일도 없고 감정적인 문제도 생길 리가 없다고 결론지어야 할까? 그럴듯하게 들리기는 한다. 그러나 정반대의 실례가 얼마든지 있다. 나는 발목을 삐고 졸도하고 염려로 극도로 예민해지기도 하는 훌륭한 그리스도인들을 알고 있다. 과연 내가 틀린 것인가?(내가 그리스도인들이라고 생각하는 그들은 실상 그리스도인이 아니므로 시편은 그들에게 적용되지 않는 이야기인가?) 아니면 시편이 틀린 것인가?(하나님이 시편에 나오는 대로 행하시지 않기에…?)

나의 도움이 어디서 올까?

시편도 우리의 경험도 그렇게 간단히 처치해 버릴 수만은 없다. 그리스도인들 사이에서 오래도록 애송되는 이 시편은 분명 그리스도인의 삶을 통해 검증된 진리를 담고 있다. 다시 시편으로 돌아가 보자. 믿음의 길에 들어선 사람이 곤경에 처해 주변을 둘러보며("눈을 들어 산을 보네") 이렇게 묻는다. "산이 내게 힘이 되어 줄까?" 이 믿음의 사람이 도움을 얻기 위해 사방을 둘러볼 때, 그는 무엇을 보게 되는가?

우선 펼쳐진 장관을 들 수 있다. 하늘을 배경으로 한 산등성이의 실루엣만큼 영감을 고취시키는 것이 또 있을까? 이 지상에서 장엄함과 힘, 견고함, 든든함을 표현하는 데 산보다 나은 상징물이 있을까? 그러나 히브리인은 다른 것을 볼지도 모른다. 이 시편이 쓰이고 불리던 당시, 팔레스타인은 온통 이교 숭배로 들끓고 있었다. 대부분의 이교들은 산꼭대기에서 제사를 지냈다. 산당을 차려 놓고 수풀이 우거지게 하고 성전에서 일하는 남녀 창기까지 두었다. 사람들은 토지를 비옥하게 하고 기분을 좋게 하고 재앙에서 지켜 준다는 말에 미혹되어 산당에서 제사를 드렸다. 언제 어디서 만날지 모를 위난을 막을 묘약과 부적, 주문, 마술도 곁들여졌다. 작열하는 태양이 두려운가? 태양의 사제를 찾아가 태양신의 가호를 빌라. 달빛의 사악한 기운이 염려되는가? 달을 섬기는 여사제에게 가서 부적을 사라. 발부리의 돌을 잘못 디뎌 넘어지게 하는 귀신이 붙었는가? 산당에 가서 악재를 피할 마법을 배우라. 산이 내게 힘이 되어 줄까? 아니면 바알? 아세라 여신? 태양의 사제? 달의 여사제?[2]

그들은 부도덕하고 병들고 술에 취해, 사기와 기만을 일삼는 비루한 무리였음에 틀림없다. 바알 신화는 그의 난행과 술에 취해 잠든 그를 깨우는 데 따르는 어려움에 관한 이야기로 가득 차 있다. 바알의 제사장들에 대한 엘리야의 조롱이 그 증거다. "더 크게 불러 보시오.…혹 늦잠을 자고 있다면 어서 깨워야 할 것 아니오?"(왕상 18:27) 그러나 그들은 형편없든 그렇지 않든 간에 비호를 약속했다. 곤경에 처한 여행자는 그들의 장담에 귀가 솔깃했을 것이다.

2,500년 전, 신앙 노정에 오른 히브리인들이 산비탈에서 본 것도 그와 같은 광경이었을 것이다. 오늘날의 제자들 역시 그러한 것들을 목도한다. 시련과 고난을 만난 믿음의 사람이 "도와주세요!"라고 소리친다. 우리는 눈을 들어 산을 본다. 일시에 숱한 손길이 뻗어 온다. "산이 내게 힘이 되어 줄까?" 산에서 오는 것인가? 아니다. "내 힘은 오직 하나님, 하늘과 땅과 산을 만드신 그분."

먼 산을 바라보며 구한 도움은 결국 실망으로 끝난다. 산은 그 장엄미와 고요한 힘, 견고함에도 불구하고 다만 산일 뿐이다. 불시에 닥칠지 모르는 재난을 막아 준다는 약속, 우상을 숭배하는 제사장과 여사제들의 현혹, 그 모두가 거짓일 뿐이다. 예레미야의 말대로 "작은 산들과 큰 산 위에서 떠드는 것은 참으로 헛된 일이라. 이스라엘의 구원은 진실로 우리 하나님 여호와께 있나이다"(렘 3:23, 개역개정).[3]

따라서 시편 121편은 '아니요'라 말한다. 별과 꽃을 숭배하는 자연 신앙, 눈앞의 산에서 찾은 것을 최대한 이용하는 종교를 거부하는 것이다. 대신 하늘과 땅을 지으신 하나님을 바라본다. 우리의 도움은 피조물이 아닌 창조자에게서 온다. 창조자는 늘 깨어 있다. 그분은 졸지도 주무시지도 않는다. 바알은 긴 낮잠에 취해 있다. 그래서 제사장의 소임 가운데 하나가, 바알을 깨워서 그의 도움을 구하러 온 이를 만나게 하는 것이었다. 그러나 언제나 헛수고였다. 창조주 하나님은 시간의 주가 되신다. 그분은 "너의 떠나는 길과 돌아오는 길을 지켜 주[시는]", 당신의 시작과 끝을 돌보는 하나님이시다. 당신이 길을 막 떠날 때 함께하신 하나님은 목적지에 도착할 때에도 함께하신다. 여행 도중 해나 달로부터 도움을 보충할 필요가 없다. 창조자는 모든 자연과 초자연적 세력을 다스리는 주님이시다. 그분이 그것들을 만드셨기 때문이다. 해와 달, 바위는 아무런 영적인 능력이 없다. 따라서 우리에게 해악을 끼칠 수 없다. 그것들로부터의 초자연적 공격을 두려워할 필요가 없다. "하나님께서 모든 악에서 너를 지키시고."

시편의 약속은 우리가 결코 돌부리에 채이는 일조차 없을 것이라는 말이 아니라, 어떤 상함이나 질병, 사고, 고통도 우리에게 악한 능력을 행사해서 우리를 향하신 하나님의 뜻에서 우리를 벗어나게 할 수 없다는 뜻이다. 히브리인들은 물론 그리스도인들도 항상 그런 식으로 이 시편을 해석해 왔다.

가혹한 삶의 단면을 성경 이상으로 사실적이고 솔직하게 직시하는 문학 장르는 없다. 신앙생활이 역경을 면제해 줄 것이라는 암시는 희미하게라도 비친 적이 없다. 성경이 약속하는 바는 역경 속에서도 우리를 모든 악의 영향에서 보호해 주신다는 것이다. 신앙이 역경을 만난다는 인식은 성경 도처에 깔려 있다. 주기도문의 여섯 번째 간구는 "우리를 시험에 들게 하지 마시옵고 다만 악에서 구하시옵소서"이다. 이 간구는 신앙의 길로 행하는 이들의 삶 속에서 매일같이, 또는 하루에도 여러 번씩 응답되고 있다. 사도 바울은 다음과 같이 썼다. "여러분의 앞길에 닥치는 시험과 유혹은 다른 사람들이 직면해야 했던 시험과 다르지 않습니다. 다만 여러분이 기억해야 할 것은, 하나님께서 여러분을 포기하지 않으시고, 여러분이 한계 이상으로 내밀리지 않게 하시며, 그 시험을 이기도록 언제나 곁에 계시며 도우신다는 사실입니다"(고전 10:13).

시편 121편에서 하나님이 인격적인 고유의 명칭 '야웨'(Yahweh)로 언급된 경우는 세 번이다. 그런데 **지키시는 자**라는 표현은 여덟 번이나 나온다. 하나님은 위로부터 명령을 내리는 비인격적인 집행자가 아니시다. 그분은 우리 곁에 계시면서 우리의 모든 걸음까지 돌보신다. 이 시편이 그리스도인의 여정을 서술

하는 방식은 그들이 겪는 시련이나 환난을 묘사하기 위한 것일까? 그렇지 않다. 그것은 우리를 보호하시고 동행하시며 다스리시는 하나님을 명명하고 묘사하기 위한 방식이다.

아무리 많은 바닷물이라도 배 안에 물이 차지 않는 한 그 배를 침몰시킬 수 없다. 세상의 어떤 어려움도 우리 내면에 침투하지 않는 한 우리를 해칠 수 없다. 그것이 시편의 약속이다. "하나님께서 모든 악에서 너를 지키시고." 당신을 실족시켜 넘어지게 하는 돌에 붙은 귀신, 태양신의 사나운 공격, 달의 여신의 유해한 영향—그 어느 것도 하나님의 부르심과 목적에서 당신을 분리시킬 수 없다. 게달과 메섹을 벗어난 회개의 순간부터 천국의 성도들과 더불어 영화로워지는 순간까지 당신은 안전하다. "하나님께서 모든 악에서 너를 지키시고." 당신에게 벌어지는 그 어떤 일도, 당신이 만나는 그 어떤 환난도 하나님과 당신 사이에서 힘을 행사하지 못할 것이며, 당신을 향한 하나님의 뜻을 바꿀 수 없다(롬 8:28, 31-32을 보라).

병에 걸리거나 불안이 엄습하고 타인과 갈등 관계에 있을 때 우리가 저지를 수 있는 가장 결정적인 실수가 있다. 하나님이 우리를 돌보시는 데 싫증 나서 좀 더 흥미로운 그리스도인에게로 관심을 돌리셨거나, 우리의 일관성 없는 순종이 역겨워져서 한동안 우리 스스로 알아서 살아가게끔 내버려두기로 작정하셨거나, 중동 지역에서 예언을 성취하시느라 너무 바빠서 우리의 혼란 상태를 정비하시기에는 시간이 걸릴 것이라는 식으로 결론을 내리는 것이다. 그것이 바로 우리가 범할 수 있는 가장 결정적인 실수다. 시편 121편이 막으려는 것도 그러한 실수, 즉 우리를 향하신 하나님의 관심이 우리의 영적 체온에 따라 증가하거나 감소한다고 가정하는 것이다.

그리스도의 제자 된 이들이 빠지기 쉬운 가장 큰 위험은 두 개의 종교를 갖고 사는 것이다. 하나는 우리를 세상으로부터 해방시키는 주일의 영광스럽고 성경적인 복음, 곧 그리스도의 십자가와 부활로 우리를 영생하게 하는 창세기와 로마서, 요한계시록의 위대한 복음이다. 그리고 다른 하나는, 우리가 세상을 떠나 천국에 도착하기까지 주중에 영위하는 일상의 종교다. 우리는 세상에서 겪는 소소한 사건들, 예를 들면 돌부리에 걸려 넘어지거나 햇빛이 너무 강렬하거나 달의 영향으로 우울해진 경우에는 「리더스 다이제스트」(Reader's Digest)나 친구의 조언, 신문의 상담란, 토크쇼에 출연한 명사의 호객용 지혜 등 일상의 종교를 사용한다. 약국에서 효능별 특허약을 사듯 종교 생활을 한다. 물론 우리는 하나님이 우주를 창조하시고 우리의 영원한 구원을 성취하셨음을 잘 알고 있다. 그러나 과연 하나님이 일일 연속극 같은 우리 일상의 고초나 사소한 문제를 주목하고 계실지 의구심을 갖는다. 그래서 나름대로 치료책을 구매한다. 그날그날의 골칫거리들을 가지고 하나님께 구하는 것은 가벼운 상처에 바를 소독약을 달라고 유명한 외과의사를 찾는 격이기 때문이다.

그러나 시편 121편은 큰 문제를 이겨 내는 바로 그 믿음이 사소한 경우에도 효력을 발한다고 말한다. 흑암에서 빛을 창조하신 창세기 1장의 하나님은, 모든 악에서 당신을 지켜 주시는 바로 오늘의 하나님이시다.

여행 동료

그리스도인의 삶은 사뿐히 걸어들어 가 우리 주님과 끊임없이 대화하는 동산으로의 은밀한 도피가 아니다. 또는 우리의 훈장이나 황금 메달을, 승리자의 무리에 든 다른 이들의 것과 비교할 수 있는 하늘 도성으로의 환상적인 여행도 아니다. 그런 상상이나 기대를 갖는다는 것은 엉뚱한 방향으로 나사를 돌리는 것과 같다. 그리스도인의 삶은 하나님을 향해 간다. 하나님께로 가는 길에서 그리스도인은 세상 사람 누구나 밟는 땅을 밟고, 같은 공기, 같은 물을 마시고, 같은 상점에서 물건을 사고, 같은 신문을 읽는 같은 정부의 시민이며, 식료품과 휘발유를 사기 위해 같은 값을 치르고, 똑같은 두려움을 느끼고, 같은 압력에 시달리고, 같은 고민을 겪고 같은 땅에 묻힌다.

다른 점이 있다면, 걸어다니며 숨 쉴 때마다 우리가 하나님의 보호 아래 있으며 그분과 동행하며 그분의 통치를 받고 있음을 알고 있다는 정도일 것이다. 그래서 우리가 어떤 의심에 시달리고 어떤 사고를 당하든지 주님이 모든 악에서 우리를 보호하시며, 우리의 현실에서의 삶을 지켜 주신다고 믿는 것이다. 루터의 찬송도 그 같은 진리를 담고 있다.

이 땅에 마귀 들끓어 우리를 삼키려 하나

겁내지 말고 섰거라 진리로 이기리로다.
(원문은 '하나님이 우리를 통해 진리가 이기게 하셨다'이다—역주)
옛 원수 마귀는 이때도 힘을 써 모략과 권세로
무기를 삼으니 천하에 누가 당하랴.
힘 있는 장수 나와서 날 대신하여 싸우네.
이 장수 누군가 주 예수 그리스도 만군의 주로다.
당할 자 누구랴 반드시 이기리로다.

우리 그리스도인들은 생명이 하나님에 의해 창조되고 그 손으로 빚으신 바 되었으며, 신앙생활이 끝이 없고 쉼이 없는 길을 가는 매일매일의 탐험이지만 바로 그 안에서 하나님의 사랑과 은총을 경험하며 사는 삶임을 믿는다.

어려서부터 배우고 그리스도와 동행하며 수도 없이 암송한 시편 121편은, 제자로서 살아가는 우리 삶의 조건을 명확하게 정의한다. 그것을 한마디로 압축하면 하나님이다. 일단 이 시편의 가사를 우리 가슴에 새기게 된다면, 우울한 가정은 없어질 것이다. 그리스도인의 삶이란 불시에 우리를 엄습해서 압도하는 사악한 세력에 대한 끝없는 전쟁이라는 가정 말이다. 믿음은 사탄의 공략을 피해 그때그때 달아나는 위태로운 전투가 아니다. 믿음은 하나님에 대한 견고하고 굳건하며 확고한 체험이며, 하나님은 모든 악으로부터 우리를 지키시고 우리의 생명을 지키시며, 우리가 떠날 때나 돌아올 때나 한결같이 보호하시며 지금도 또 언제나 우리를 지켜 주시는 분이시다.

4장

예배

"하나님의 집으로 가세!"

사람들이 "하나님의 집으로 가세!" 할 때,
내 마음 기뻐 뛰었네.
마침내 당도했네. 아, 예루살렘,
예루살렘 성안에 들어왔도다!
예루살렘, 견고한 성,
예배를 위해 지어진 도성!
모든 지파들이 올라오는 도시,
하나님의 지파들이 모두 올라와 예배하며
하나님의 이름에 감사드리는 곳.
이스라엘의 진면목이 나타나는 바로 이곳에
의로운 판결을 내리는 보좌가 놓였네.
저 유명한 다윗의 보좌가.
예루살렘의 평화를 위해 기도하여라!
예루살렘을 사랑하는 이들이여, 모두 흥하여라!
이 안의 벗들이여, 가까이들 지내라!
바깥의 적들이여, 저만치 물렀거라!
내 가족과 친구들을 거듭 축복하여 말하노니,
평화를 누리기를!
내 너희를 위해 최선을 다하리라.
우리 하나님의 이 집을 위하여.

시편 122편

명상을 거부하고 경쟁 외에는 아무것도 인정하지 않는
현대 행동주의 이론에는 도덕적으로 혐오스러운 구석이 있다.
왜냐하면 그들에겐 단 한 순간도 그 자체로서는 가치가 없고
오직 그다음을 위한 수단으로써만 가치가 있기 때문이다.

니콜라이 베르댜예프

목회하면서 난처한 순간은, 자신이 교회에 나오지 않는 이유를 줄줄이 대는 사람들과 얼굴을 마주한 채 그들의 말에 귀를 기울여야 할 때다.

"어려서부터 엄마가 교회에 못 다니게 하셨어요."

"교회 다니는 사람 중엔 위선자가 너무 많아요."

"그나마 유일하게 푹 잘 수 있는 날이 일요일인데요."

그들과 주거니 받거니 가벼운 입씨름 끝에 결국 그들이 변명을 위한 변명을 하고 있음을 알게 되어도, 그들의 상투적 문구에 일일이 대꾸하던 시절이 있었다. 그러나 그것이 별 소용이 없음을 알게 되었다. 한 가지 이유를 잠재우고 나면 이번에는 또 다른 세 가지 이유가 고개를 쳐들 것이기 때문이었다. 그래서 더 이상 이러쿵저러쿵 대응하지 않는다. 그 대신 (진지한 표정으로) 이야기를 다 듣고 나서는 집으로 와서 그 사람이 언젠가는 교회에 나올 만한 한 가지 충분한 이유, 즉 하나님을 발견하게 해 달라고 기도한다. 바라기는 나의 모든 언행이 그 사람으로 하여금 그리스도인의 공동체 안에서 하나님을 예배하기로 결심하도록 성령님에 의해 사용되었으면 하는 마음으로 사역에 임한다.

많은 사람이 신실하고 헌신적으로 하나님을 예배하기로 결심한다. 예배는 제자의 삶에서 중요한 행위 중 하나다. 그리고 사람들이 나열하는 자기가 예배드리지 못하는 이유(변명)들보다 훨씬 더 재미있는 것은 그들이 발견한 예배의 이유다.

시편 122편은 교회에 나와서 하나님께 예배드리기로 작정한 이의 노래다. 이는 모든 그리스도인에게 공통된, 복합적이고 다양하고 전 세계에 걸쳐 널리 분포된 예배 현상의 표본이다. 특히 사람이 예배드릴 때 어떤 일이 일어나는지에 관한 탁월한 예증이다.

시편 122편은 '성전에 올라가는 노래'의 세 번째 노래에 해당한다. 시편 120편은 회개의 시로 우리를 거짓과 적대의 환경에서 벗어나 하나님께 이르는 길로 떠나게 한다. 121편은 신뢰의 시로, 믿음이 어떻게 시련과 역경 앞에서 효능별 특허약을 사듯 손쉬운 자구책을 마다하고, 하나님이 그분의 뜻을 시행하시며 "모든 악에서 너를 지키[신다]"는 것을 단호하게 신뢰하게 하는가에 관한 증거다. 이어지는 시편 122편은 세계 도처의 신앙인이 언제나 행하는 것―지정된 장소에 모여 그들의 하나님께 예배드리는 것―을 보여 주는 예배의 시다.

보편적인 것

많은 이들이 이 시편의 첫 줄을 읽고는 의아해한다. "사람들이 '하나님의 집으로 가세!' 할 때, 내 마음 기뻐 뛰었네." 그러나 의아해할 것 없다. 예배는 그리스도인의 행위 중 가장 보편적인 것이다. 소위 그리스도인다운 행동거지의 상당 부분이 법체계의 중요한 부분을 이루고 사회적인 기대에 구현되어 있으며, 이 두 가지 모두가 강력한 구속력을 행사한다. 우리가 사회로부터 모든 법을 제거하고 반사회적인 행동의 결과들을 묵살한다면 얼마나 많은 살인 행위와 절도, 위증, 위조가 난무할지 알 수 없다. 그러나 일반적으로 그리스도인다운 행실이라고 할 때는, 자발적 의지의 발로와는 전혀 무관한 강제적인 것임을 알 수 있다.

하지만 예배는 강요될 수 없다. 예배드리는 자는 누구나 스스로 원해서 그렇게 할 뿐이다. 물론 일시적으로 강제성을 띠는 경우도 있다. 부모나 배우자가 시켜서 마지못해 교회에 출석하는 어린이나 남편, 아내가 그렇다. 그러나 그러한 강제력은 오래가지 못한다. 기껏해야 몇 년이다. 대부분의 그리스도인은 자원해서 예배를 드린다.

사람의 됨됨이를 평가할 수 있는 한 가지 척도는 특별히 해야 할 일이 없을 때 무엇을 하는지, 여가 시간을 어떻게 보내는지, 여분의 돈을 어디에 쓰는지를 지켜보는 것이다. 비록 미국인의 교회 출석률이 상승세에 있는 것은 아니라 해도 그 수치는 대단하다. 어떤 일요일이든 교회 예배 출석 인구가, 예를 들어, 미식축구나 골프, 낚시, 숲길 산책 등으로 시간을 보내는 인구보다 많다. 그만큼 미국에서 예배는 가장 대중적인 행위로 일반화되었다.

따라서 "사람들이 '하나님의 집으로 가세!' 할 때, 내 마음 기뻐 뛰었네"라는 시편 저자의 말은, 예배를 사업으로 삼아 호객

하는 수상쩍은 열광주의자의 말과는 거리가 멀다. 이 시편 저자의 고백은 어느 시대, 어느 지역에서든 공감되는 그리스도인 일반의 고백인 것이다. 다시 말해 이는 그렇게 되었으면 하고 바라는 예외의 경우가 아니라 평균적인 예다.

삶의 틀

그런데 왜 그렇게들 모일까? 그리스도인이 자원해서 신실하게 드리는 예배가 왜 그렇게 많은가? 또 그 이면을 들여다보았을 때 왜 예배 없는 그리스도인의 삶을 찾아볼 수 없고, 예배 없는 그리스도인의 공동체를 찾아볼 수 없는 걸까? 왜 기독교가 현존하는 곳치고 예배가 일반화되지 않은 곳이 없으며, 왜 그렇게 기꺼이, 열심히 예배를 드리는 걸까? 시편 122편은 그 근거로 다음 세 가지를 든다. 첫째, 예배는 우리의 삶을 영위할 수 있는 틀을 제공한다. 둘째, 예배는 우리가 하나님과의 관계 속에 있어야 할 필요성을 키워 준다. 셋째, 예배는 우리의 관심을 하나님의 결정에 집중시킨다.

예배는 삶을 운영할 수 있는 틀을 제공한다. 시편 저자는 이렇게 말한다. "예루살렘, 견고한 성, 예배를 위해 지어진 도성! 모든 지파들이 올라오는 도시, 하나님의 지파들이 모두 올라와 예배하며." 히브리인에게 예루살렘은 (지정된) 예배 장소였다(게다가 지형적으로도 국토의 중심부에 있고 정치적으로도 권력의 요지였다). 최소한 1년에 세 번, 모든 사람이 모여드는 성대한 예배 축제가 예루살렘에서 거행되었고, 하나님이 말씀하신 모든 것이 상기되고 기념되는 곳도 예루살렘이었다. 예루살렘에 가면 사람들은 가장 중대하고 근본적인 실재들과 마주하게 되었다. 즉 하나님이 그들을 창조하셨고 구속하셨으며, 그들의 필요를 채워 주신다는 사실과 만나게 되었다. 사람들은 예루살렘에서 예배 의식과 설교를 통해 역사를 바꾸는 강력한 진실, 즉 하나님이 우리의 죄를 용서하시어 죄책감 없이 목적을 갖고 살게 하셨음을 듣고 보았다. 그리고 예루살렘에서는 어지러이 흩어진 경험의 파편들 그리고 방만하게 집어삼킨 진리와 감정과 인식의 모든 조각이 온전히 하나로 통합된다.

KJV는 이 부분을 이렇게 번역했다. "예루살렘아, 너는 조밀하게 짜여진 도성으로 건설되었구나." 그런가 하면 초기 커버데일(Coverdale)은 이 부분을 "통일성 있게 조화된"으로 번역했다. 여기서 도성 자체는 예배의 속성을 드러내기 위한 일종의 건축학적 비유다. 세공된 돌이 모두 촘촘하고 탄탄하게 끼워 맞춰져 있고 건물의 돌덩이들이 조화롭게 축조되어 있다. 헐겁게 대충 끼워진 돌도, 버려져 나뒹구는 돌조각도 없고 벽과 탑에는 엉성한 틈 하나 없다. 그야말로 근사하고 탄탄하고 능숙하게 잘 지어져 "통일성 있게 조화된" 성의 모습이다.

건축학적 비유는 사회적 사실과도 부합한다. 이어지는 구절을 보자. "모든 지파들…하나님의 지파들이 모두 올라와 예배하며." 예배 시에는 각기 다른 모든 지파가 단일한 민족으로 조화로운 관계 속에서 기능했다. 예배 때 우리는 각기 다른 장소, 다양한 상황에서 왔음에도 불구하고 명시적으로 같은 것을 구하고 같은 것을 말하며 같은 것을 행한다. 지능과 건강, 배경, 언어, 경쟁심, 언짢음의 정도와 수준이 각기 다름에도 불구하고 우리는 여전히 예배 때 함께 모여 하나가 된다. 하나님이 우리의 예배 행위 안에서 내적 연합을 건축하실 때 외적인 분쟁이나 오해, 차이점들은 무색해지고 만다.

사람들은 누구나 혼란스럽고 모든 일이 뒤죽박죽일 때, 마음속의 온갖 소음과 동요를 잠재우고 모든 다툼으로부터 벗어나 '머릿속을 좀 정리하고 차분해질' 필요를 절감한다. 그럴 때 스스로를 잘 추스르는 사람을 가리켜 '규모 있는' 사람이라 부른다. 모든 것이 제자리에 있고 빠진 것도 없고 균형이 맞으면, 하나의 완전한 구조물로서 짜임새를 갖춘 것이다.

언젠가 심방을 간 적이 있었는데, 나를 기다리던 자매는 마침 창가에 앉아, 둥그런 수틀에 팽팽히 당겨진 천 위에 수를 놓고 있었다. 그 자매는 이렇게 말했다. "목사님, 목사님을 기다리는 동안 제게 무엇이 잘못되었는지 깨달았어요. 저한테는 이렇게 저를 잡아 줄 틀이 없었어요. 저의 감정, 생각, 일, 모든 게 느슨하고 규모가 없었어요. 제 생활엔 아무런 제한도 없었어요. 저의 현주소를 모르겠어요. 제 삶에도 이런 수틀이 필요해요."

우리를 잡아 줄 그러한 틀, 견고한 구조물 같은 느낌, 어떻게 하면 그러한 느낌을 가지고 우리의 현 위치를 분별하고 아무런 염려 없이 편안히 우리 할 일을 해낼 수 있을까? 우리 그리스도인들에게는 예배가 있다. 우리는 주일마다 탄탄하게 잘 지어진

곳, "모든 지파들이 올라오는" 그곳에 들어간다. 거기서 인생에 대한 역동적인 정의를 얻는다. 즉 하나님이 우리를 어떻게 창조하셨으며 우리를 어디로 인도하시는지 그 길을 만나게 된다. 그리고 우리가 지금 서 있는 곳도 비로소 알게 된다.

명령

그리스도인이 예배드리러 교회로 돌아오곤 하는 또 다른 이유가 있다. 예배는 우리가 하나님과 관계를 맺고 있어야 한다는 사실을 일깨워 주기 때문이다. 예배는 하나님을 찬양하라는 명령에 순종하는 자리다. "하나님의 이름에 감사드리는 곳. 이스라엘의 진면목이 나타나는 바로 **이곳**." 감사하라는 이 명령이야말로 예배의 핵심을 이룬다. 그것은 일종의 천명(decree)이다. 그것은 우리가 마땅히 해야 할 바를 일러 준다. 바로 '찬양'이다.

 우리가 죄를 지어 삶을 엉망진창으로 만들 때, 하나님이 우리 곁을 떠나 멀리 계신 것처럼 느껴질 때, 하나님은 우리의 고민 속으로 들어와 우리를 구해 주신다. 얼마나 다행인가? 그러기에 성경은 이 사실을 복음이라 부른다. 우리가 믿음 안에서 삶의 이유와 동기를 발견하고, 하나님이 우리가 그럴 수 있도록 이전부터 돕고 계셨음을 알게 되는 것, 그것은 복이다. 하나님을 찬양하라! 아우구스티누스는, "그리스도인이라면 머리끝부터 발끝까지 '할렐루야'여야 한다"고 했다. 사실이 그렇다. 그것이 가장 우리다운 모습이다. 하나님이 우리를 만드셨고 우리를 구속하시고 우리의 모든 것을 채워 주신다. 이에 대한 지극히 자연스럽고 정직하고 건강한, 또 논리적인 반응이 하나님을 찬양하는 것이다. 우리는 찬양할 때 비로소 우리 존재의 중심에서 기능하며 우리 존재의 가장 근원적이고 핵심적인 실재와 접촉하게 된다.

그러나 그렇게 느끼지 못할 때가 너무 많고, 그럴 때마다 우리는 이렇게 말한다. "별로 감사를 느끼지 못하는 상태에서 하나님을 찬양하기 위해 예배드리는 것은 정직하지도 못하고, 위선일 뿐이야." 그러나 시편은 "너희가 그렇게 하고 싶으냐 아니냐는 중요하지 않다. 다만 **선포된**(RSV) 대로 하나님의 이름에 감사하라"고 말한다.

나는 그리스도인은 그들이 원해서 예배드리는 것이지 강제로 드리는 것이 아님을 강조한 바 있다. 그러나 그 말이, 예배드리고 싶다고 **느껴야** 예배드릴 수 있다는 뜻 또한 아님을 분명히 해야겠다. 느낌은 어쩌면 대단한 거짓말쟁이일지도 모른다. 오직 드리고 싶다고 느낄 때만 예배를 드린다면 예배는 아주 희귀해질 것이다. 인간의 감정이 많은 영역에서 중요한 것은 사실이지만, 믿음의 문제에서는 감정이야말로 믿을 것이 못 된다. 폴 셰러(Paul Scherer)의 지적은 매우 의미심장하다. "성경은 우리가 느끼는 방식에 대해서는 시간을 거의 허비하지 않는다."[1]

우리는 한 작가가 일컬은 대로 "감각의 시대"[2]를 살고 있다. 그렇게 하고 싶다고 **느끼지** 못하면 그렇게 **할** 명분도 없다고 생각한다. 그러나 성경은 다르게 말한다. **느낌**을 통해 행동으로 나아가는 것보다는 **행동**을 통해 느낌을 얻는 것이 훨씬 빠르다. 예배는 예배 행위로 표현된 하나님에 대한 **감정**이 아니라, 하나님을 향한 감정을 발전시키는 **행위**다. 그러므로 예배로 하나님을 찬양하라는 명령에 순종할 때, 하나님과의 관계 안에 있고자 하는 우리의 깊고도 본질적인 필요가 자라나는 것이다.

하나님의 말씀

우리가 지속적이고 정기적으로 예배에 참석해야 하는 세 번째 이유는, 예배 속에서 우리의 관심이 하나님의 결정에 집중되기 때문이다. 시편은 예배를 "의로운 판결을 내리는 보좌…저 유명한 다윗의 보좌"가 자리 잡은 장소로 묘사한다. 성경에서 **판결**(judgment)이란 "하나님이 사태를 바로잡고 문제를 해결하시는 결정적인 말씀"을 뜻한다. 그리고 판결의 보좌란 말씀이 선포되는 장소다. 또 판결은 어떤 것에 **관한**, 즉 사물이나 사태를 묘사하는 내용이 아니라, 어떤 것을 **행하는**, 즉 사랑을 행동으로 옮기고 자비를 적용하고 잘못된 것을 무효화시키고 선을 집행하는 말씀을 뜻한다.

이러한 하나님의 말씀은 예배의 모든 순서에 나타난다. 예배가 시작될 때 우리는 우리를 향한 하나님의 첫마디를 듣고, 축도에서 마지막 말씀을 듣는다. 성경 말씀을 읽는 시간에는 신앙의 선조들에게 하신 말씀을 듣고, 설교 시간에는 우리를 위해 재현된 말씀을 듣는다. 성경 말씀을 쉽게 풀어 놓은 찬송을 통해 우리는 하나님의 말씀으로 명확하게 기도한다. 예배 때마다 우리의 지성은 고양되고, 우리의 기억은 하나님의 판단으로 새로워지고, 우리는 하나님이 말씀하신 것과 그분의 결정, 우리를 구원하시는 그분의 방식에 친숙해진다.

예배만큼 그러한 것들이 잘 이행될 수 있는 장소는 없다. 만약 우리가 혼자 집에 있으면서 성경을 읽는 것으로 예배를 대신한다면 많은 것을 놓치게 될 것이다. 왜냐하면 우리는 자기도 모르는 사이, 주변 문화의 지배를 받고, 무지 때문에 제약받고, 스스로도 미처 몰랐던 편견에 의해 왜곡된 시각으로 성경을 읽기 때문이다. 예배할 때 우리는 '회중'의 일부가 된다. 그런데 이 회중은 성경의 모든 저자가 말씀을 선포하는 대상이자, 모든 찬송 작곡가들이 우리의 머리뿐만 아니라 가슴까지도 어루만지는 진리를 표현하기 위해 음악을 사용하는 공간이다. 그뿐만이 아니다. 예배자들과 더불어 축복과 믿음, 의심과 상처의 옛내를 지낸 설교자가, 회중이 현재 경험하는 언어로 성경의 진리를 말하는 자리이기도 하다. 우리는 하나님의 말씀과 지금 우리에게 하시는 말씀을 듣고 싶어 한다. 그리고 예배는, 하나님의 인격적이고 확실한 말씀에 우리의 주의를 집중시키는 장소가 된다.

평안과 안정

아무리 예배를 착실히 드리는 사람이라도 개인 생활에서 예배가 차지하는 시간은, 주일 예배를 놓고 볼 때 기껏해야 일주일에 한 시간 남짓 된다. 그런데 그 시간을 들여 예배를 드리는 것이 나머지 엿새에 어떠한 차이를 가져올까? 시편 122편은 다음과 같은 말로 끝난다. "예루살렘의 평화를 위해 기도하여라! 예루살렘을 사랑하는 이들이여, 모두 흥하여라! 이 안의 벗들이여, 가까이들 지내라! 바깥의 적들이여, 저만치 물렀거라! 내 가족과 친구들을 거듭 축복하여 말하노니, 평화를 누리기를! 내 너희를 위해 최선을 다하리라. 우리 하나님의 이 집을 위하여." 이 기도는 예배의 경계 밖으로 흘러넘쳐 성안, 즉 사회에서 새로운 관계를 창조하기 위한 기도다.

처음에 나오는 **기도하라**(pray)는 일상 세계로의 진입과 관련된 용어다. 이 단어는 공식 예배에서 일반적으로 사용되는 용어가 아니고, '구하다'(ask)에 해당하는 일상적인 히브리어다. 우리가 하나님께 무엇인가를 구하는 것이 곧 기도이므로 여기서 '기도하다'라는 번역이 부적절하다고는 할 수 없다. 그러나 '구하다'라는 이 단어는 성소에서의 형식적인 기도가 아니고 주중에 일과 속에서 드리는 비형식적인 간구를 뜻한다. 예를 들면 히브리인들은 배고플 때 한 끼 식사를 청하거나, 길을 잃었을 때 방향을 알려 달라고 부탁하면서 이 단어를 쓴다.

예배는 하나님을 향한 우리의 허기를 채워 주지 않는다. 오히려 우리의 식욕을 자극한다. 예배에 참석함으로써 하나님을 필요로 하는 우리의 갈증이 해소되는 것이 아니라 오히려 깊어진다. 그러한 식욕과 갈증은 예배 시간 밖으로 흘러넘쳐 주중까지 스며든다. 그리하여 한 주 내내 평안하기를 바라는 갈망으로 표현된다. 우리의 일상적인 필요가 예배 행위에 의해 바뀐 것이다.

더 이상 무슨 수를 써서라도 열등한 현존을 탈피하기 위해 쫓고 쫓기는, 극심한 경쟁을 통해 탐욕스럽게 긁어 모으면서 그저 불나방처럼 살려 하지 않는다. 우리의 궁극적 필요는 어느새, 하나님의 형상으로 창조된 피조물의 존엄성에 걸맞게 바뀐다. 우리는 이제 평안을 구한다. '샬롬'(shalom)과 '샬바'(shalvah)라는 단어가 예배처인 예루살렘에서 울려 퍼진다.

샬롬, 곧 평안은 성경에서 가장 풍부한 의미를 지닌 단어 중 하나다. 사전적 의미만으로 샬롬의 뜻을 규정하는 것은, 마치 주민등록번호만 가지고 어떤 사람을 한정하려는 것만큼이나 한계가 있다. 하나님의 뜻이 우리 안에서 이루어질 때 나타나는 부족함 없이 완전한 상태, 그것이 샬롬이다. 하나님의 뜻이 우리 안에서 완성될 때 우리 안에 생수의 강이 넘쳐흐르고 영생으로 심장이 고동치게 된다. 예수님이 누군가를 치료하고 용서하시거나 부르실 때마다 우리는 이 샬롬을 목격하게 된다.

그리고 샬바는 번영, 혹은 형통함을 가리킨다. 이는 보험이나 거액의 은행 구좌, 또는 무기 비축과는 아무 관련이 없다. 이 말은 어근의 의미상 여유와 관계있다. 다시 말해, 하나님이 예수 그리스도 안에서 우리를 다스리고 우리와 함께하시며 우리를 위해 주시므로, 모든 것이 형통할 것임을 아는 자의 느긋한 자세 말이다. 그 중심에 십자가가 있는 역사 속에서 마음 편히 지내는 안정감, 실존의 매 순간이 하나님의 섭리하에 있으며 우리가 하나님의 자비 가운데 살고 있음을 아는 자의 여유가 그것이다.

예배는 우리가 예배 후에도 매일같이 평안과 형통함 가운데

지낼 수 있게 해 주는 첫 단추인 셈이다. 우리가 하나님이 예수 그리스도 안에서 시작하고 계속하고 계신 것을 일상생활에서 공유할 수 있게 말이다.

도구를 연마하기 위한 멈춤

실용주의 시대를 사는 우리는 효용성이 입증되지 않으면 뭐든 하기를 꺼린다. 예배를 놓고 그 가치를 묻는 일은 불가피하다. 그렇다면 그리스도인이 함께 모여 예배드릴 때 드는 시간과 비용, 에너지를 과연 어떻게 정당화할 수 있을까?

한여름에 풀 베는 이를 보라. 해 지기 전까지 베어야 할 풀이 들판에 가득하다. 그는 잠시 일손을 멈춘다. 게으름인가? 그는 숫돌을 찾아 든다. 그러고는 쓱싹쓱싹 낫을 갈기 시작한다. 한가하게 웬 연주인가? 그는 귀한 시간을 낭비하고 있는가? 낫에다 곡조 실을 시간 있으면 풀이나 벨 일이지…. 하지만 그는 지금 연장을 갈고 있다. 이제 그가 그의 낫을 한 번 길게 휘두를 때마다 그 앞에서 줄지어 쓰러질 풀들은 훨씬 더 수북할 것이다.[3]

5장

섬김

"우리, 한시도 눈을 떼지 않고 숨죽여 기다립니다"

하늘에 계시는 하나님,
주님을 바라봅니다.
도움을 바라며 주님을 앙망합니다.
주인의 명령을 기다리는 종처럼,
마님의 시중을 드는 하녀처럼,
우리, 한시도 눈을 떼지 않고 숨죽여 기다립니다.
주님의 자비의 말씀을 기다립니다.
하나님, 자비를 베풀어 주소서!
오랜 세월을 우리가
배부른 자들에게 죽도록 걷어차이고
잔인한 자들의 악독한 발길질을 견뎠습니다.
시편 123편

일반적인 의미에서 봉사란, 자신의 목적이나 계획이 아닌,
다른 사람의 목적을 위해 다른 사람의 필요와 결정,
지시에 따라 행동하는 의지와 수고와 실천이다.
그것은 자신의 자유를 타인의 자유에 예속시키고
타인의 처분에 내어 맡기는 행동이다.
그것은 그가 타인의 영광에 관심을 갖는 만큼
자신의 영광이 점점 더 커지는 행위다.…
이는 '미니스테리움 베르비 디비니'(*ministerium Verbi divini*)로서
그 문자적 의미는 '시종이 신의 말씀을 받드는 것'이다.
여기서 '받드는 것'이라는 표현은 신약의 집사(*Diakonos*)의 개념이
원래 '시중드는 자'(waiter)였음을 상기시킨다.
우리 역시 존엄하신 하나님의 말씀이 언제 떨어질까 기다리는 자들이다.
하나님의 말씀은 행동으로써 말씀하시는 하나님 자신이시다.

카를 바르트

그리스도인으로서 성장하고 성숙해 갈 때 습득해야 할 기술들이 있다. 그중 하나가 섬김이다. 이는 습득하기 어려울 뿐만 아니라, 수시로 각별한 주의를 기울여 가려내야 할 오해의 소지가 많은 기술이다.

시편 123편은 섬김을 예시한다. 다른 시편이 대개 그러하듯 여기도 어떻게 하라는 지시는 없다. 다만 이미 행해진 하나의 실례를 보여 줄 뿐이다. 시편은 강연이 아니라 노래다. 믿음의 사람이 하나님을 믿고 사랑하고 따를 때 벌어지는 일들, 그에 관한 주목할 만한 징표를 우리는 시편에서 얻는다. 행동을 제한하는 규정집이 아니라 한창 경기 중인 선수의 스냅 사진이 우리 손에 쥐어진다. 시편 123편은 제자로서의 삶 가운데서 종 된 모습으로 살아가는 측면을 관찰하게 해 준다.

하나님이 정녕 하나님이라면

"하늘에 계시는 하나님, 주님을 바라봅니다." 섬김은 눈을 들어 하나님을 올려다보는 것과 함께 시작된다. 하나님은 우리 위에 계신다. 믿음의 사람은 하나님을 올려다볼 뿐이며, 마주 보거나 내려다보지 못한다. 종 역시 그러한 태도와 입장을 취한다. 만약 그런 태도가 아니라면 주인의 명령에 주의 깊게 반응하기가 어려울 것이다.

우리는 그리스도인이 되면 확실한 재능과 능력을 보장받은 것처럼 잘못 생각하기 쉽다. 더욱이 다음과 같은 약속의 말씀으로 인해 그러한 느낌은 한층 강화된다.

구하여라, 그러면 받을 것이다.
찾아라, 그러면 발견할 것이다.
두드려라, 그러면 문이 열릴 것이다. (눅 11:9)

하나님은 예수 그리스도의 생애를 통해 우리에게 자신을 종으로서 나타내셨다. 바로 그 점 때문에 우리는 우리가 주인의 역할을 떠맡고 도리어 그분을 혹사하기 시작할 수 있다. 그러나 하나님은 우리가 피곤할 때마다 불러서 일을 시킬 수 있는 심부름꾼이 아니다. 그리고 살면서 해결하기 힘든 특별한 문제에 부딪혔을 때 부를 전문가도 아니다. 폴 셰러는, 전능자의 법정에서 특별히 잘 봐달라고 로비를 하고, 그분의 소맷자락을 잡아당기고 갖가지 청탁으로 그분을 성가시게 하는 이들에 대해 신랄한 글을 남긴 바 있다. 내가 편할 때 기분 전환을 위해 불러낼 수 있는 친구쯤으로 하나님을 생각해서는 안 된다. 그분이 종 되신 것은 우리가 그분을 부려 먹기 좋게 하기 위함이 아니고, 구속받은 삶에서 우리가 그분과 연합할 수 있게 하기 위함이다.

우리는 종교를 우리가 필요할 때 지원을 요청하는, 막연하고도 모호하게 운영되는 관공서의 접수 창구쯤으로 생각하는 경향이 있다. 관할 관공서에 가서 하나님 앞으로 제출할 서류를 작성하기 위해 (목사라고 불리기도 하는) 담당 공무원을 찾는다. 그렇게 접수를 마친 후 집으로 와서는 하나님으로부터 우리가 기입한 내역대로 주문 품목이 배달되기를 기다린다. 하지만 일이 그런 식으로는 되지 않는다. 단 몇 분이라도 골똘히 생각해 본다면 그런 식의 기도 응답을 바라지는 못할 것이다. 하나님이 정말 하나님이라면 우리보다 우리의 필요에 대해 더 잘 아셔야 한다. 하나님이 적어도 하나님이려면 우리의 생각, 감정, 몸의 실재에 대해 우리보다 정통하셔야 한다. 하나님이 정녕 하나님이라면 가족이나 공동체, 국가 내의 상호 관계에 대해 우리보다 더 포괄적으로 이해하고 계셔야만 한다.

"하늘에 계시는 하나님"이라는 표현은 성경에 빈번히 등장하는데, 이는 지리적·공간적 개념과는 거리가 있다. 성경 저자들은 지리학자나 천문학자가 아니라 신학자다. 그들은 당신이나 나와 같은 사람들과 하나님의 관계, 창조주와 피조물의 관계를 심도 있고 정확하게 묘사한다. 우리를 사랑하시는 하나님에 대한 우리의 지식과, 사랑받은 우리의 체험을 균형 있게 다룬다. 그리고 역경을 통해 우리를 인도하시는 하나님에 관한 이야기를 들려주면서 인도하심을 받은 우리의 체험을 거기에 더한다. 궁지를 모면하게 하는 기능적인 신이나 따분한 시간을 달래 주는 오락적인 신 따위는 소개하지 않는다. 우리는 출애굽과 부활의 하나님, 시내산과 갈보리의 하나님을 소개받는다. 우리가 진정 하나님을 이해하고자 한다면 그분 편에서 그분을 이해해야 한다. 진정 실제 그대로의 하나님을 보고자 한다면 우리는 그 출처인 성경과 예수 그리스도께로 향해야 한다.

우리가 다른 식의 하나님을 기대할 수 있을까? 그렇지 않다고 본다. 퍼즐처럼 우리가 파악할 수 있는 신이나 연장 다루듯이 사용법만 알면 되는 신이라면 우리는 그를 곧 업신여기게 될 것이다. 하나님이 조금이라도 우리의 관심을 끌 만한 존재이려면 우리가 올려다볼 수 있는, 아니 **올려다봐야만 하는** 하나님이어야 한다. "하늘에 계시는 하나님, 주님을 바라봅니다."

우리가 눈을 들어 하나님을 (대강 훑어보거나 내려다보지 않고) 올려다보는 순간, 우리의 자세는 주인에게 예속된 종의 자세가 된다.

하나님, 자비를 베풀어 주소서!

섬김의 두 번째 요소는 우리의 기대와 상관있다. 우리가 믿음의 눈으로 하나님을 앙망할 때 어떤 일이 생길까? 하나님께는 우리로서는 결코 완전히 파악할 수 없는 경외스러운 신비가 있다. 우리는 하나님을 정의할 수 없다. 우리는 하나님을 어떤 하나의 유형으로 뭉뚱그려 이해할 수 없다. 그렇다면 우리가 하나님에 대해 전혀 아는 바가 없다는 얘기인가? 그래서 그분께 무엇을 기대해야 할지조차 몰라, 그분이 어떻게 나오실지 항상 초조하게 애태울 수밖에 없다는 얘기인가? 그렇지 않다.

우리는 잘 알고 있다, 무엇을 구해야 할지. 그것은 자비다. 시편 123편에서 그러한 기대는 세 번 나온다. "우리, 한시도 눈을 떼지 않고 숨죽여 기다립니다. 주님의 자비의 말씀을 기다립니다. 하나님, 자비를 베풀어 주소서!"

그리스도인에게는 한 가지 기본적인 확신이 있다. 우리를 향하신 하나님의 의도가 선하며 결국 우리 안에서 그분의 뜻을 이루시리라는 것이다. 하나님은 잘한 일이나 잘못한 일에 따라 우리를 처치하지 않으시고 다만 그분의 계획대로 이끄신다. 순찰 중인 경찰관처럼 온 우주를 감시하면서 우리가 통제 불능 상태일 때 제압하기 위해 곤봉을 휘두르거나, 행여 사납게 굴까 봐 언제든 감옥에 넣을 준비가 되어 있는 하나님이 아니시다. 그분은 우리의 삶을 진흙과 같이 빚고 있는 토기장이시다. 마침내 구속된 삶의 형상을 이룰 때까지, 하나님 나라에 적합한 그릇이 되기까지 빚고 또 빚는 토기장이시다.

"하나님, 자비를 베풀어 주소서!"라는 기도는 하나님이 내켜 하시지 않는 어떤 일을 기어이 하시게 만들려는 시도가 아니다. 그것은 하나님이라면 그렇게 하시리라고 우리가 이미 믿고 있는 것을 얻기 위한 추구요, 하나님이 예수 그리스도 안에서 우리를 위해, 또 우리 안에서 행하시는 것을 받으려는 갈망의 표현이다. 순종 가운데서는, "제가 원하는 것을 주시옵소서!" 대신에 **"저에게 자비를 베푸소서!"**라는 기도가 나온다. **"자비를 베푸소서!"**라고 기도할 뿐, "저의 선행에 대한 보상을 베푸시어 이웃들이 저의 남다름을 알게 하소서!"라고 기도하지 않는다. 우리는 **"자비를 베푸소서!"**라고 기도하지, "저의 악행대로 벌하소서. 그래야 맘이 편하겠나이다"라고 기도하지 않는다. **"자비를 베푸소서!"**라고 기도할 뿐, "제가 이만하면 착하게 살았으니 마땅히 선대하소서!"라고 하지 않는다.

우리는 하나님의 '자비 베푸심' 아래 살 뿐이다. 하나님은 우리를 모르는 사람처럼 대하면서 한 줄로 세워 놓고 우리의 능력이나 유용성, 가치를 매기시는 분이 아니다. 하나님에게 우리는 그분의 가슴에 품은 자식이다. 그분은 그렇게 우리를 다스리시고 인도하시고 지도하시고 사랑하신다.

자비라는 말의 의미가 무엇인가? 그것은 눈을 들어 하나님을 바란다는 것이 천상에 계신 하나님이 아니라 우리가 있는 곳에 내려오셔서 우리가 처한 상황 속에 들어오시는 하나님, 구속의 큰 계획을 성취하시며 우리 안에서 그분의 영원한 구원을 이루시는 하나님을 기대하는 것이라는 의미다. "이 단어의 어근은 '구부리다', '기울이다'로 짐작된다."[1] 따라서 하나님의 종이 되어 있다는 것은, 피조계 일반에 대한 하나님의 보편적인 지도와 감독 아래 막연하고 멍하게 있는 상태, 또는 하나님의 채찍 아래 겁먹은 채 벌벌 떨고 있는 공포의 상태가 아니다. 예속의 성격은 무엇을 기대하느냐에 달려 있고, 이 시편 저자는 하나님의 긍휼을 기대한다.

민첩한 섬김

종에게 필요한 세 번째 덕목은 민첩성이다. "오랜 세월을 우리가 배부른 자들에게 죽도록 걷어차이고 잔인한 자들의 악독한 발길질을 견뎠습니다."

예속의 체험은 역사 속에서 되풀이되었다. 그리고 그 체험은 결코 행복하지 않았다. 역사의 다른 시대에서처럼 시편 저자도 종과 노예가 제도화된 문화권에서 살았다. 그 제도의 실태는 더 말할 필요도 없을 것이다. 권력은 압제를 낳았다. 상전은 빈둥거리면서 아랫사람을 업신여겼다. 당연히 "악독한 발길질을 견뎠[을]" 것이다. 이 시편은 방대한 분량의, 압제로부터의 구원을 갈구하는 절규의 문학의 일부다.

노예로 살기는 우리도 비슷하다. 서구 문화권에서 형식상 노예 제도가 철폐되기는 했다. 노예 계층도 거의 사라졌다. 그러나 속박의 경험은 여전히 우리 가운데 실재하고 그 어느 때보다 압제적이다. 누구나 자유를 부르짖고 어디서든 자유를 선포하고 경축한다. 하지만 정작 자유를 느끼거나 자유롭게 행동하는 사람은 많지 않다. 증거는? 우리가 사는 나라는 불만과 중독의 사회다. 고개를 돌리는 곳마다 불평 소리다. "내 식대로 돈도 못 쓰고, 내 맘대로 시간도 못 쓰고, 진정한 나 자신이 될 수가 없어. 언제나 다른 사람의 지배를 받을 뿐이야." 어디서나 중독자들을 만난다. 알코올 중독, 마약 중독, 강박적인 일 중독, 충동적인 소비 중독. 우리는 고용주와 거래하면서 노예로 머물러 산다.

그리스도인은 진정 중요한 문제가 자유를 쟁취하는 것이 아니고, 좀 더 나은 주인 밑에서 그를 섬기는 법을 배우는 것임을 아는 자들이다. 그리스도인은 안다. 하나님을 제쳐 놓고 맺은 모든 관계에는 압제가 싹튼다는 사실을…. 그것을 깨닫고 자각하게 되었기에 어서 빨리 하나님의 휘하에 살기를 원한다.

그러한 이유로 모든 그리스도인의 섬김에는 민첩성이 필요하다. 명령을 기다리면서 우두커니 서 있는 것은 수종 드는 것이 아니다. 방심이란 있을 수 없다. 언제나 기민해야 한다. "말씀만 하소서. 주여, 종이 듣겠나이다." 그리고 복음이란 우리 안에 새 생명을 명하시는 하나님의 말씀이 이미 우리 귀에 들렸다는 좋은 소식이다. "귀 있는 자는 들을지어다."

합당한 섬김

이 시편 본문에 관한 신약 최고의 주석은 바울의 로마서 마지막 부분, 12-16장이라 할 수 있다. 그 부분은 이렇게 시작된다. "그러므로 나는, 이제 여러분이 이렇게 살기를 바랍니다. 하나님께서 여러분을 도우실 것입니다. 여러분의 매일의 삶, 일상의 삶—자고 먹고 일하고 노는 모든 삶—을 하나님께 헌물로 드리십시오"(롬 12:1). 실제적·물리적 섬김(섬기고자 하는 영적 의지나 갈망이 아니라)에 대한 시편의 강조는 우리의 **매일의 삶, 일상의 삶**을 드리라는 권유에서 고조된다. 섬기고 싶은 욕구(강요되거나 요청받은 것이 아닌)는 "하나님께서 여러분을 도우실 것입니다"라는 구절에서 강화된다. 그러나 가장 주목할 만한 대목은 '로지켄 라트 레이안'(logikēn latreian), 즉 "하나님께 헌물로 드리십시오"라는 마지막 부분이다. 이 말은 달리 번역하면 '합당한 섬김'이 된다. 결국 섬김은 분별력이 있어야 한다는 말이다. 여기서 '라트레이아'(latreia)는 '섬김', 사람이 공동체를 위해 행하는 일을 의미한다. 그러나 이 말은 또한 오늘날 우리가 하나님께 드리는 경배의 섬김, 곧 **예배 의식**(liturgy)이란 단어의 어원이기도 하다. 바로 예배가 분별력 있고 합당한 것이다. (예배를 통해) 하나님께 드리는 섬김은 다른 사람들을 섬기는 구체적인 행동으로 확장된다. 하나님 앞에서 종 됨의 관계―삶에 대한 태도와 자세―를 배운 후, 다른 사람을 위해 쓰임받는 섬김의 행위를 할 수 있는 것이다.

이 시편 본문에 남을 섬기는 것에 관한 언급은 없다. 초점은 하나님의 종이 된다는 것에 있다. 그러나 그 기저에는 하나님을 주인으로 모시면서 종 됨의 자세를 익힌다면, 남을 섬기는 일도 자연스러운 삶의 방식으로 발전하리라는 생각이 깔려 있다. 하나님을 주인으로 모시고 사는 종이라면, 관용과 긍휼을 베풀고 병든 이를 돌아보고 돕고 치유하라는 권면(바울이 롬 12-16장과 다른 많은 곳에서 명한)을 듣고 이행하는 것은 어렵지도 버겁지도 않을 것이다.

우리는 섬기는 삶의 의미를 삶으로 옮길 때 예수 그리스도로부터 임하는 지속적인 격려와 그 본을 얻을 수 있다. 예수님은 이렇게 말씀하셨다.

내가 너희에게 무슨 일을 했는지 이해하겠느냐? 너희는 나를 '선생'이라 부르고 '주'라고 부르는데, 맞는 말이다. 내가 정말로 그러하다. 주이며 선생인 내가 너희의 발을 씻어 주었으니, 이제 너희도 서로 발을 씻어 주어야 한다. 내가 너희에게 모범을 보였으니, 너희도 내가 한 그대로 하여라. 나는 분명한 것만 말한다. 종이 주인보다 높지 않고, 사원이 사장에게 명령하지 못한다. 내 말이 무슨 뜻인지 알겠거든 너희도 그대로 행하여라. 복된 삶을 살아라. (요 13:12-17)

세상에서 가장 자유로운 사람

하나님의 백성이라면 언제 어디서나 힘써 행해야 할 권면 사항이 있다. 종교, 경제, 문화, 정치―어떤 형태의 속박이든 자유롭지 못한 사람의 자유를 위해 일하라는 것이다. 죄는 그것들을 이용해 그들의 삶을 위축시키고 구속하고 성장을 저해하는 데 사용하는 것이다. 자유에 대한 약속과 성취는 성경 전체를 관통하는 응답송이다. 이 영광스러운 주제는 하나님의 백성들의 삶에서 폭넓게 증명되어 왔다. 그러나 애석하게도, 자유가 주어졌지만 "그 자유를 방탕한 삶을 위한 구실로 삼[아]"(갈 5:13) 이내 탕진하고서, 결국 더 나쁜 노예 상태에 빠지는 경우도 우리 사회에서 얼마든지 볼 수 있다. 자유는 약탈이나 무리한 요구에 대한 면허가 아니다. 하나님과 이웃을 위해 사랑을 행하는 인격으로 살기 위한 것이다. 자유는 "천사보다 조금 못하게"("하나님보다 조금 못하게", 시 8:5, RSV) 지어진 존재답게 최선의 삶을 살기 위한 기회다. 야수적인 방종의 삶을 위한 것이 아니다. 따라서 누군가를 해방시키는 일에서도, "성령의 인도를 받는"(갈 5:25) 하나님의 자녀로서 자유를 사용하라는 가르침을 기억해야 한다. 해방의 당위성을 웅변하면서 섬김의 지혜를 멸시하는 이들은, 사람들을 하나님의 자녀의 영광스러운 자유가 아닌, 속박과 탐욕으로 치닫는 굴종의 삶에 이르게 할 뿐이다.

시편 123편은 압제에서 풀려나 자유, 더 나아가 새로운 예속으로의 이행을 기도한다—압제("배부른 자들…의 발길질을 견뎠습니다"), 자유("주님의 자비의 말씀을 기다립니다"), 새로운 예속!("마님의 시중을 드는 하녀처럼") 그렇게 시편 123편은 자비로우신 하나님의 주 되심 아래서 우리의 자유를 가장 효율적으로 사용하는 방법을 배울 수 있는 길로 이끈다. 결과는 모두 긍정적이다. 나는 주님께 예속된 상태를 압제라고 불평하는 그리스도의 종들을 아직까지 보지 못했다. 섬김에 따른 여러 조건을 악평하는 그리스도의 종들도 아직 보지 못했다. 세상에서 가장 자유로운 자, 그들은 그리스도의 종 된 이들이다.

6장

도움

"그들의 올가미에서 벗어났다. 새처럼 자유를 얻었다."

이스라엘아, 한목소리로 크게 노래하자!
하나님께서 우리 편이 되어 주시지 않았다면,
하나님께서 우리 편이 되어 주시지 않았다면,
모두가 우리를 대적하던 그때,
격분한 그들에게 산 채로 먹혔으리라.
성난 홍수에 휩쓸리고 격류에 휘말렸으리라.
그 사나운 물결에 목숨을 잃고 말았으리라.
오, 하나님을 찬양하여라!
우리를 버리고 떠나지 않으시고,
으르렁거리는 개 떼 속의 무력한 토끼 신세로
내버려 두지 않으셨다.
우리, 그들의 송곳니를 피하고
그들의 올가미에서 벗어났다. 새처럼 자유를 얻었다.
그들의 손아귀에서 벗어난 우리,
비상하는 새처럼 자유롭다.
하나님의 강력한 이름은 우리의 도움,
하늘과 땅을 지으신 하나님이라네.

시편 124편

하나님은 십자가 모형과 검, 투기장과 관람석에 대해서,
겉으로 드러난 모든 '악'과 모든 '재앙'에 대해서 지극히 무관심하시다.
그분의 돌보심이란 집안의 외양을 꾸미는 것을 뜻하지 않는다.

폴 셰러

여느 해처럼 헌혈을 하기 위해 적십자사의 헌혈차 안에 누워 있을 때였다. 헌혈 적격 여부를 가리기 위해 간호사가 이러저러한 사항을 물었다. 그런데 점검표에 있는 마지막 질문은 "당신은 위험한 일에 종사하고 계십니까?"였고, 내 대답은 "그렇다"였다.

그러자 간호사는 멈칫하고 나를 보았다. 약간 놀란 기색이었다. 그때 나는 한눈에 목사임을 알 수 있는, 성직자용 칼라가 달린 옷을 입고 있었다. 그러나 머뭇거림도 잠시, 그녀는 웃으며 내 대답을 무시하고는 점검표에 '아니요'라고 표시하며 이렇게 말했다. "목사님, **그런** 종류의 위험한 일 말고요!"

나는 그 대화를 계속하고 싶었다. 처음에 내가 위험한 일을 한다고 했을 때 그녀가 상상한 것과 내가 말한 것의 의미를 한번 비교해 보고 싶어서였다. 그러나 시간과 장소가 마땅치 않았다. 초조하게 자기 차례를 기다리는 헌혈자들이 줄줄이 뒤에 있었기 때문이다.

하지만 그런 대화를 하기에 적절한 시간과 장소가 존재한다. 그리스도인이 시편 124편을 접할 때가 바로 그런 때 중 하나다. 시편 124편은 위난 중에 부르는 도움의 노래다. 신앙 노정의 성도들이 불렀던 '성전에 올라가는 노래' 중에서도 특히 124편은 제자가 되는 데 따르는 위험 요소들을 묘사하고, 그때마다 경험하게 되는 하나님의 도우심을 선포하는 면에서 탁월하다.

인류 불만 접수 창구의 직원

1-2절에 "우리 편"이신 하나님에 대한 묘사가 두 번 나온다. 마지막 절은 "하나님의 강력한 이름은 우리의 도움, 하늘과 땅을 지으신 하나님이라네"이다. 하나님은 우리 편이시다. 하나님은 우리의 도움이시다.

어떤 이들에게 그 문구는 화를 돋우는 것일 수 있다. 그들은 발끈한다. 주일에 단상에서 "하나님께서 우리 편이시며 우리의 도움은 하나님의 이름에 있습니다"라고 자신 있게 외치고 내려오기가 무섭게, "목사님, 제발 어휘 선택에 신경 써 주십시오. 어떻게 우리입니까? 하나님이 **당신** 편이시고, **당신의** 도움이실 수는 있겠죠. 하지만 제 편은 아니에요. 저의 도움도 되지 않으시고요. 제 말씀 좀 들어 보세요…" 하는 이들이 있다. 한 주 내내 나는 염세적으로 열거되는 세상사와 비극적인 가족사, 직장에서의 실망 등에 대한 이야기를 접한다. 결론은 한결같이 이렇다. "이래도 정말 하나님이 제 편이라고 말씀하시겠어요?"

그렇게 나는 하나님을 옹호해야 하는 입장에 서게 된다. 하나님에 대해 실망한 고객에게 그분의 입장을 설명해야 하는 것이다. 어느새 나는 인류의 불만 접수 창구의 직원이 되어, 열악한 서비스 사례를 조사하고 씩씩대는 단골 고객을 위로하고, 내 선에서 처리할 수 있는 실수는 시정하고, 운영상의 결례에 대해 사과하는 역할을 떠맡게 된다.

그러나 내가 그중 어느 하나라도 접수한다면, 나는 내 본래의 소임을 오인하고 있음에 틀림없다. 왜? 하나님은 나의 변호 따위는 필요 없는 분이시기 때문이다. 하나님이 욥과의 대화 중에 하신 말씀이 모든 사람이 생각하는 것과는 다른 의미를 지닌다거나, 사도 바울이 인용한 이사야의 말은 원래 문맥을 벗어난 것이므로 이사야가 썼던 배경 기록을 고려해 이해해야 한다는 식으로 대변하는 공보 담당 비서는 필요없다.

그리스도인의 소임은 증언이지 변명이 아니다. 그런 면에서 시편 124편은 탁월한 본보기가 된다. 이 시편은 하나님의 도우심을 논하거나 설명하지 않는다. 노래의 형식으로 하나님의 도우심을 증거할 뿐이다. 이 노래는 너무도 활기차고 확신이 넘치며, 오직 진실이라 칭할 수 있는 것들로 충만하여, 우리의 접근 방식이나 질문 자체를 근본적으로 변화시킨다. 우리는 더 이상 "어떻게 나한테 이런 일이 일어날 수 있어? 왜 내가 곤경에 버려진 것같이 느껴야 해?"라고 묻지 않는다. 그 대신 이렇게 묻게 된다. "어떻게 하면 '하나님의 강력한 이름은 우리의 도움, 하늘과 땅을 지으신 하나님이라네'라는 확신에 찬 노래를 부를 수 있지?" 이 시편은 일종의 보고 자료다. 그리고 이 자료는 너무도 확실하고 생명력이 넘치며, 우리가 그날그날 접하는 그 어떤 것보다 실질적이고 흥미로워서, 투덜거리며 불평하기에 앞서 먼저 살펴보아야 한다.

이스라엘아, 한목소리로 크게 노래하자!

하나님께서 우리 편이 되어 주시지 않았다면,

하나님께서 우리 편이 되어 주시지 않았다면,

모두가 우리를 대적하던 그때,

격분한 그들에게

산 채로 먹혔으리라.

성난 홍수에 휩쓸리고

격류에 휘말렸으리라.

그 사나운 물결에

목숨을 잃고 말았으리라.

생생하고 전파력이 강한 증언이다. 한 사람이 주제를 선포하고 모든 사람이 동참한다. 하나님의 도우심은 개인적인 체험이 아니고 공동의 실재다. 고립된 이방인들이 경험하는 예외 현상이 아니라 하나님 백성 공동의 규범이다.

하나님의 도우심은 두 가지 삽화로 묘사된다. 산 채로 잡아먹힐 위험에 처해 있는 사람들 그리고 홍수에 쓸려 갈 위험에 처해 있는 사람들의 삽화다. 첫 번째 그림은 무시무시한 용, 또는 바다의 괴물을 나타낸다. 용을 본 사람은 아무도 없지만 모든 사람은(특히 아이들은) 그것의 존재를 믿는다. 용은 우리가 가진 두려움의 투사물이요, 우리를 해칠지도 모르는 모든 것의 가공할 만한 집합체다. 한마디로 용은 총체적인 악이다. 거대한 용과 맞닥뜨린 농부는 옴짝달싹 못 한 채 얼어붙는다. 피할 길이 없다.

용의 철갑 같은 피부, 불을 뿜는 아가리, 사납게 후려치는 꼬리 그리고 닥치는 대로 먹어 치우는 식성과 탐욕은 죽음이 임박했음을 알리는 신호다.

두 번째 그림은 홍수로 인한 갑작스런 재앙을 묘사한다. 중동의 시골 지역에 침식 작용으로 형성된 물길들은 복잡한 중력의 지배에 의해 모두 연결되어 있다. 갑작스런 폭풍으로 작은 협곡에 물이 차면 이내 다른 협곡으로 물이 흘러들고, 순식간에 급류성 호우로 돌변한다. 사막 지역 사람들에게 우기마다 예고 없이 닥치는 그러한 재해보다 더 큰 위험은 없다. 꼼짝없이 당할 수밖에 없다. 모든 것이 잘 풀리고 행복하여 장래를 설계하는 한순간이 지나면 이내 온 세상이 재난으로 뒤덮일 다음 순간이 찾아온다.

이 시편 저자는 호화로운 삶이나 하나님이 어떻게 모든 어려움을 비켜 가게 하셨는지에 대해 말하는 것이 아니다. 그는 최악의 상황을 겪어 본 사람이다―용의 아가리, 홍수 등등. 그리고 그 가운데서도 온전한 자신을 발견한다. 그는 버려지지 않고 도우심을 입은 것이다. 궁극적인 힘은 용이나 홍수가 아닌 하나님, "우리를 버리고 떠나지 않으[신]" 하나님께 있다.

물론 벌어진 사태를 가벼운 냉소주의로써 대면하지 않고 피할 수도 있다. 어떤 의미에서 열광주의에 대한 냉소적인 반응은 피할 수 없는 것이다. 광고업자들의 판에 박힌 허위에 단련될 대로 단련된 우리는, 열정과 흥분에 들떠 말하는 사람은 일단 거리를 둔다. 그들이 우리를 조종할지도 모른다는 두려움 때문이다. 마이클 조던이나 타이거 우즈, 또는 마샤 스튜어트 같은 유명 인사들의 상품 광고를 볼 때도 내심 그들의 증언을 격하하면서, 누가 만든 커피인지 돈 꽤나 벌었겠다거나, 출연료로 상당한 액수가 오갔겠다 정도를 생각하는 우리다. 그러한 와중에, "하나님께서 우리 편이 되어 주시지 않았다면, 모두가 우리를 대적하던 그때, 격분한 그들에게 산 채로 먹혔으리라"라는 문구를 접한다. 그러면 우리는 이렇게 말한다. "굉장한 시구야! 제법 쓸 만한데! 그런데 카피라이터가 누구야? 그렇게 말하는 당신은 출연료로 얼마나 받았지?"

이러한 냉소주의의 유일한 치료법은 그것을 드러내 놓고 해결하는 것이다. 만일 냉소주의가 우리의 심상 배후에서 작용하게끔 방치한다면, 그것은 마침내 우리의 믿음에 기생하면서 소망을 무력화하고, 우리는 그로 인해 애정 결핍증 환자가 될 것이다. 이 시편 본문(이나 다른 성경 본문)을 당신의 불신의 탐조등 아래 갖다 대기를 주저하지 말라! 우리 중 많은 이들이 완강히 복음을 믿지 않으려는 이유는 복음을 엄격하게 시험해 보지도, 우리의 어려운 문제들에 대해 복음을 상대로 물어보지도 않고, 우리를 끈질기게 괴롭히는 의심들을 복음과 대면시켜 본 적도 없다는 데 있다.

그 어떤 날카롭고 가차 없는 비평을 붙인다 해도 시편 124편은 결국 그 정직성으로 우리를 설복시킬 것이다. 시편보다 더 솔직하고 삶에 가까운 문학은 세상 어디에도 없다. 결점이 있는 그대로의 신앙생활상을 보여 주기 때문이다. 우리가 직면하는 모든 회의적 사고, 모든 실망스러운 모험, 온갖 종류의 아픔과 절망은 극복되고, 하나님과의 인격적이고 구속적인 관계 속에 통합된다. 그 관계에는 또한 찬양과 축복, 평강, 안정감, 신뢰, 사랑의 행위가 있다.

좋은 시의 생명력은 미사여구나 세련미보다는 진실성에 있다. 시는 정확하고 솔직해야 한다. 시편이 명시로서 지금까지 사랑받는 것은 그것이 우리의 환상이나 갈망을 충족시켜서가 아니고, 인생의 신산함을 그만큼 꾸밈없이 절절하게 읊고 있다는 데서 그 진실성이 확인되었기 때문이다. 시편 124편은 인생이 하나님과 더불어 윤택해진다는 것을 선전하기 위해 텔레비전 광고처럼 우리 삶 속에 삽입된 선택적 증언이 아니다. 그것은 하나님이 시장에 나온 다른 어떤 신보다 월등하다고 우리를 설득하기 위한 선전 문구가 아니다. 보도 자료도 아니다. 시편 124편은 정직한 기도일 뿐이다.

이 시편을 누구보다 잘 알고 검증도 해 보고 자주 활용한 이들은(즉, 날씨가 어떻든 항상 이 시편을 노래하며 신앙 노정을 여행한 하나님의 백성들은), 이 시편이야말로 믿을 만하며 신앙 안에서의 삶에 대해 우리가 알고 있는 바에 부합한다고 말해 준다.

위험천만한 일

그리스도인의 제자도는 위험천만한 길이다. 이 장 서두에 언급한 적십자사의 간호사가 내가 말한 위험한 일이 나의 목회 사역을 두고 한 말이 아니었음을 알았으면 좋겠다. 목회 사역이라는 나의 일 자체가 그 밖의 다른 일보다 더 어려운 것은 아니다. 그런가 하면 어떤 일이든 성실히 잘해 내는 데는 그만한 수고가 따른다. 마찬가지로 내가 나의 일을 잘해 내는 것은 다른 사람의 경우와 마찬가지로 특별히 더 어려울 것도 쉬울 것도 없다. 그리스도인의 길에 더 쉬운 일이란 없다. 다만 성실히 한 일과 엉터리로 해치운 일, 기쁨으로 한 일과 원망으로 한 일이 있을 뿐이다. 우리 중 누구도, 목사든 잡화상이든, 회계사든 기술자든, 타이피스트든 정원사든, 의사든 화물 기사든 간에 각자의 격무를 놓고 자기 연민에 빠져 신세타령할 여지는 없다.

나의 삶에서 위태로운 것은 그리스도인으로 살아가는 일이다. 매일같이 나의 믿음은 사선에 있다. 나는 결코 하나님을 본 적이 없다. 거의 무엇이든 저울질하고 규명하고 측량하고, 심리 분석과 과학적 통제 아래에 두는 세상에서, 눈을 마주친 적도, 목소리를 들어 본 적도, 그 심중을 파헤친 적도 없는 하나님을 삶의 중심에 모시고 살기를 고집하고 있는 것이다. 벌써 그 자체가 모험이다.

소망도 매일 사선에 서 있기는 마찬가지다. 미래에 대해, 바로 한 시간 후에 무슨 일이 있을지 전혀 알 수 없다. 질병, 사고, 개인적 파멸 혹은 세계적 재앙을 만날 수도 있다. 오늘이 다 가기 전에 죽음이나 고통, 상실, 거절과 맞서야 할지도 모른다. 앞으로 나에게, 또 내가 사랑하는 사람들에게, 나의 조국과 세계에 무슨 일이 벌어질지 모른다. 그러한 나의 무지에도 불구하고, 더욱이 경박한 낙관론자들과 나약한 비관론자들에 둘러싸인 채 나는 하나님이 그분의 뜻을 이루실 것이라 말하면서, 그 무엇도 그리스도의 사랑에서 나를 분리시킬 수 없으리라는 소망 가운데 살기를 기꺼이 고집하는 것이다.

사랑도 매일 사선을 오간다. 내게 사랑만큼 자신 없는 것도 없다. 나는 사랑보다는 경쟁에 훨씬 능한 편이다. 어떻게 하면 누군가를 제대로 사랑할 수 있을까를 궁리하기보다는 내 분야에서 성공하고 명성을 얻으려는 본능과 야망을 따른다. 그러나 나는 날마다 결심한다. 내가 거뜬히 잘해 낼 수 있는 것은 잠시 미뤄 놓고, 정말 못하는 것을 시도하기로 말이다. 즉 사랑하다가 실패하는 것이야말로 교만에 찬 성공보다 낫다는 것을 담대히 믿으면서 사랑의 좌절이나 실패를 받아들일 각오를 하는 것이다.

이 모든 것이 위태롭다. 나는 항상 실패의 위기 속에서 산다. 앞에서 말한 그 어떤 일도 만족스럽게(나 자신은 물론 그 누구에게도) 해낸 적이 없다. 나는 용의 입 속에서, 홍수의 위험 속에서 산다. "그리스도인이 된다는 것은 얼마나 어려운가. 나에게나 당신에게나…."[1]

그러나 시편 124편은 위험에 관한 시가 아니라 도우심에 관한 시다. 제자도의 위험천만한 생리는 이 시의 주제가 아니라 배경일 뿐이다. 주제는 하나님의 도우심이다. "오, 하나님을 찬양하여라! 우리를 버리고 떠나지 않으시고, 으르렁거리는 개 떼 속의 무력한 토끼 신세로 내버려 두지 않으셨다. 우리, 그들의 송곳니를 피하고 그들의 올가미에서 벗어났다. 새처럼 자유를 얻었다. 그들의 손아귀에서 벗어난 우리, 비상하는 새처럼 자유롭다. 하나님의 강력한 이름은 우리의 도움, 하늘과 땅을 지으신 하나님이라네." 위태할 때나 태평할 때나 삶의 가장 기본적인 조건은 바로 하나님이다. 그 하나님은 "우리 편"에 계시며 "하나님의 강력한 이름은 우리의 도움, 하늘과 땅을 지으신 하나님이라네."

위험에 빠진 순간, 우리는 올무에 걸린 새같이 절대적인 공포를 느낀다. 모든 상황을 볼 때 꼼짝없이 죽을 수밖에 없다. 빠져나갈 구멍이 없다. 그런데 어찌 된 영문인지 출구가 **생긴** 것이다. 올무가 찢기고 새가 날아간다. 놀라운 구원이다. 기적 같은 구출이다. "오, 하나님을 찬양하여라!⋯우리,⋯올가미에서 벗어났다."

하나님은 우리가 이렇게 노래하기를 얼마나 원하시는지 모른다. 그리스도인은 입만 열면 말세 타령이나 하는 성마른 도덕주의자가 아니다. 우리 편에 계신 하나님을 찬양하는 그분의 백성이다. 그리스도인은 타락한 문화 속에 살면서 혼자 경건한 체하는 위선자도 아니다. 우리의 도움 되신 하나님을 증거하는 늠름한 증인이다. 그리스도인은 악인이 흥하는 세상에서 정의를 무거운 짐짝처럼 지고 다니다 쓰러진 부랑자도 아니다. 그리스도인은 "오, 하나님을 찬양하여라! 우리를 버리고 떠나지 않으시고, 으르렁거리는 개 떼 속의 무력한 토끼 신세로 내버려 두지 않으셨다"라고 노래하는 백성이다.

평범한 사물의 확대 사진

"하나님의 강력한 이름은 우리의 도움, 하늘과 땅을 지으신 하나님이라네"라는 마지막 문장은 천지를 지으신 하나님을, 우리를 개인적으로 도우시는 하나님과 연결시키고 있다. 우주를 질서와 아름다움으로 이끄신 존재자의 위엄을 언급하는가 싶더니, 바로 그 하나님이 지극히 평범한 개인의 지엽적인 곤경에 관여하심을 발견하게 한다.

한 친구가 자신이 찍은 사진 시리즈를 보여 준 적이 있다. 소재는 여느 부엌에서나 흔히 볼 수 있는 성냥개비, 못, 칼날 같은 물건들이었다. 일반적으로 그러한 일상 용품은 각별한 아름다움을 지닌 것으로 취급받지 못한다. 그러나 지극히 평범한 사물을 주제로 한 이 사진들은 정말 놀랍도록 아름다웠다. 기대 밖의 아름다움은 확대 렌즈를 통해 포착되었다. 자질구레하고 볼품없고 하찮게 여겨지던 도구들을 실물보다 크게 부각시킨 덕택에 이제까지 일상적으로 간과해 온 것을 비로소 볼 수 있었다. 그리고 우리가 간과해 온 것들이 실상은, 아주 세세한 부분까지 정교한 미가 느껴지도록 세심하게 고안되었음을 알 수 있었다.

특별히 기억나는 것은 초대형으로 확대 현상된 철 수세미 사진이다. 주방에서 수세미만큼 평범하거나 심미적 매력이 없는 것처럼 보이는 물건도 없을 것이다. 그래서 되도록이면 수세미는 싱크대 아래 눈에 띄지 않게 둔다. 누구도 수세미를 시선을 끌 만한 곳에 걸어 둘 것으로 여기지 않는다. 그러나 확대된 사진에서 철 수세미는 주방의 그 어떤 물건보다 아름다웠다. 정교한 철망의 소용돌이치는 모양이 눈을 즐겁게 해 주었다. 철망 사이로 푸른 색조의 비눗방울이 아롱져 보였다. 두 번 볼 가치도 없다고, 그래서 구석진 자리에나 어울린다고 여긴 것들도 자세히 보면 그 나름의 아름다운 구조를 지니고 있다.

시편 124편은, 용의 아가리나 수마(水魔)의 할큄, 덫에 걸림, 다시 말해 고난, 재해, 불행 같은 불쾌한 일들이 우리 삶을 엉망으로 만들지 않도록, 덮어 두거나 침묵에 부치는 것이 상책이라고 여겨지는 인생 항목들의 확대 사진이다. 그러나 그것들은 우리가 인생 현장에서 만나는 아주 실제적인 삶의 면면이다. 그것들은 많은 이들의 삶에 두렵고도 피할 수 없는 배경이 된다. 우리는 의학이나 심리학 분야의 전문가를 찾아가 위안을 구하기도 하고, 아름다운 것을 보러 미술관에 가기도 한다. 그러나 시편 124편은 고통스러운 문제를 깊이 파고 들어가서, 그곳에서 우리 편에 계신 하나님을 발견한 사람의 경우다. 잡다한 갈등과 사소한 개인사 속에서 존귀하신 하나님의 위대하심이 계시된다. 믿음은 존재의 가장 유리한 국면이 아니라 가장 불리한 국면에서 자라난다.

믿음의 사람은 애초에 낙천적 기질과 풍부한 이해심의 소유자로 태어난 사람들이 아니다. 다른 사람들의 눈에는 그리스도인이 온실 속의 화초 같아서 세상 물정 모르고 순진해 빠진 것처럼 보일지 몰라도, 사실은 그 반대다. 그리스도인은 누구보다도 인생이 처절한 투쟁임을 잘 알고 죄의 추악함도 잘 아는 사람들이다.

  물론 사람들은 하늘을 올려다보는 것만으로도 그 광대함과 신비로움에 가슴이 벅차 오를 수 있다. 그리고 그리스도인이라면 그럴 때 천지를 만드신 하나님을 절로 찬양하게 된다. 그러나 이 시편의 시선은 다른 곳을 향한다. 역사 속의 고통들, 개인적 갈등으로 인한 불안과 마음의 상처를 들여다본다. 그리고 거기서 우리 편에 계시며 우리의 도움이 되시는 하나님을 본다. 공포스러운 용이나 수마의 할큄, 옭아매는 올무도 현미경으로 보듯 자세히 들여다보면 그 안에 하나님의 구원의 역사가 있다.

  역겨운 세상이라 해도 우리에게는 찬양이 있다. 우리는 어지러운 세상 가운데서 승리의 노래를 부른다. 이해나 격려가 없어도 기쁨 속에 산다. 우리의 만족은 사람이 아닌 하나님께 있다. 우리는 목숨을 부지하기 위해 쓰레기통이나 뒤지면서 세상의 뒷골목을 배회하는 존재가 아니다. 우리는 한없는 자비와 구원의 능력을 지니신 하나님을 향해 빛을 따라 여행하는 자들이다. 우리의 삶을 규정하는 것은 문화가 아니라 그리스도다. 우리의 생애는 우리가 겪는 위험이 아니라, 우리가 체험하는 하나님의 도우심으로 빚어진다.

7장

안전

"하나님께서 자기 백성을 둘러싸시네.
지금껏, 또 언제까지나"

하나님을 신뢰하는 이들,
시온산과 같다네.
결코 흔들리지 않고
언제든 기댈 수 있는 견고한 바위산.
산들이 예루살렘을 둘러싸듯,
하나님께서 자기 백성을 둘러싸시네.
지금껏, 또 언제까지나.
악인의 주먹질에 의인이 제 몫을 빼앗기거나
폭력으로 내몰리는 일 결코 없으리라.
하나님, 주님의 선한 백성,
마음이 올곧은 이들을 선대해 주소서!
타락한 자들은 하나님께서 잡아들이시리라.
구제불능인 자들과 한곳에 몰아넣으시리라.
이스라엘에게 평화가 있기를!

시편 125편

유대 땅은 격리감과 안정감을 위해 마련된 곳이었다.
비록 얼마 전까지 그들의 가슴을 울렁이게 했던
드넓은 세상에 대한 매력을 잃게 하거나
국가 존립에 필수 요소인 규율과 방위와 용맹심마저
팽개치게 할 정도는 아니었다 해도 말이다.
유대는 백성이 그곳을 신뢰하도록 하기에는 충분치 않았을지 몰라도
그들의 자유와 활기찬 생활을 수호할 수 있는
격려의 장으로는 충분한 조건을 갖추고 있었다.
아울러 그들의 고립 상태는 그들이 다른 백성과는 구별된
제자로서의 소명과 정체성을 확인하기에는 충분했지만,
그들로 하여금 세상에 대해 철저히 무지하고
세상과 섞이려는 유혹으로부터도 자유롭게 하거나
그들의 제자도와 정체성이 온전히 실현될 수 있는 전투까지
막아 줄 만큼 완벽한 것은 아니었다.

조지 애덤 스미스

등산은 쉽지 않다. 계속 중력을 이기고 올라가야 한다. 넘어야 할 장벽도 있고, 언제 만날지 모르는 위험도 따른다. 그래도 웬만한 각오와 기력만 있으면 대개 무리 없이 마친다. 그러나 때로는 발 딛는 곳이 꺼지거나 미끄러져 굴러떨어지는 사고를 당할 수도 있다.

로키산맥은 우리 가족이 여름철에 즐겨 찾는 등산지인데, 그곳은 주로 퇴적암으로 이루어져 있다. 그래서 바위들이 얼음과 물에 의한 침식 작용으로 무르고 부서지기 쉬운 퇴적층을 이룬 곳들이 있다. 자칫 발을 헛디디면 천길 낭떠러지로 폭포처럼 떨어질지도 모른다.

성장기를 거치며 알게 된 종교 용어 중에 **배교자**(backslider)란 말이 있다. 내가 살던 마을에 그 산 예가 있었다. 주님을 믿기로 서약하고 동네의 작은 교회에서 봉사하다가, 그리스도를 향해 올라가는 길에서 그만 발을 헛디뎌 배교자가 된 이들이었다. 나의 삼촌 오스카도 그랬다. 그는 온화하고 열성적인 그리스도인이었다. 중년에 들어서서 소문만 믿고 쓸모없는 땅 수십만 평을 샀는데, 얼마 되지 않아 내무부에서 그 땅에 수력 발전소를 짓기로 하면서 삼촌은 벼락부자가 되었다. 횡재한 기쁨에 사로잡힌 나머지 예배 참석도 뜸해졌다. 그리고 자기 자녀들과 조카인 내게도 성내기 일쑤였다. 일하는 습관도 기분 내키면 하고 싫으면 안 하는 식이었다. 그렇듯 내가 **배교자**란 말을 처음 접하게 된 것은 누구보다 잘 아는 사람을 통해서였다. 결국 삼촌은 고혈압과 심장마비로 돌아가셨다. 그리고 남은 가족은 편안해 보였다.

내가 매우 흠모하던 두 소녀가 있었는데, 그들은 나보다 연상이었으며 매력적이고 생기 발랄했다. 그들은 대학 진학차 멀리 나가 살다가 방학 때면 귀향했고, 화사한 립스틱에 짧은 치마 차림이었다. 주일 아침, 앞줄에서 그들을 보고 쑥덕대는 소리가 들려왔다. "쟤네들 타락한 것 같지 않아요?" 후일 그 소녀들 중 하나는 목사의 아내가 되었고, 또 한 사람은 남편과 함께 아프리카 선교사가 되었다.

배교는 언제 어디서나 불길한 가능성으로 존재했다. 배교에 대한 경고는 잦았고, 슬픈 결말은 만천하에 드러났다. 그럴 때면 언제나 불안과 염려로 무겁게 가라앉은 분위기였다. 나는 매일, 아니면 적어도 일주일에 한 번씩은 나의 영적 체온을 재야 한다고 배웠다. 그래서 정확히 '정상' 체온을 가리키지 않으면 더럭 겁이 났다. 당시 나는 배교, 타락이란 그 사람이 일을 **저지른** 결과라기보다는 그저 닥친 일이라고 여겼다. 자칫 부주의해서 꼼짝없이 당하고 만 사고, 아니면 무방비 상태로 있다가 당한 습격이라고나 할까.

그러다 나이가 들면서 스스로 성경을 찾아 읽게 되고, 훨씬 나중에 목사로서 다른 이들의 영적 성장에 대한 책임을 지게 되면서, 나는 제자도를 따라가는 그리스도인의 조건을 완전히 다른 식으로 보게 되었다. 성경과 교회의 목회 전통 둘 다에 비추어 볼 때, 신자에게는 확신과 여유로운 안정감이라는 배경이 있음을 알게 된 것이다.

따로 요새가 필요하지 않은 사람들

시편 125편의 강조점은 의존적일 수밖에 없는 그리스도인의 삶의 불안정성이 아니라 그 견고성에 있다. 그리스도인으로 산다는 것은, 숨죽인 채 지켜보며 행여 당신이 떨어질까 아찔한 공포를 즐기는 관중 위에서 안전망 하나 없이 줄타기를 하는 것과는 다르다. 그것은 오히려 안전한 요새에 앉아 있는 것과 같다.

본문은 그 사실을 입증하기 위해 잘 알려진 지형을 사용한다.

> 하나님을 신뢰하는 이들,
> 시온산과 같다네.
> 결코 흔들리지 않고
> 언제든 기댈 수 있는 견고한 바위산.
> 산들이 예루살렘을 둘러싸듯,
> 하나님께서 자기 백성을 둘러싸시네.

예루살렘은 구릉 지대의 화분 접시같이 움푹 들어간 곳에 위치해 있다. 주위를 둘러싼 언덕들이 방어 요새 역할을 해 주었기에 예루살렘은 이스라엘의 성읍 가운데 가장 안전했다. 이와 마찬가지로 믿음의 사람들은 주님이 둘러싸고 계신다. 평강의 하나님의 임재는 성벽이나 그 어떠한 요새보다도 안전하다. 지형적으로 예루살렘 성읍은 "엄청나게 다양하고, 복잡하게 얽히고 설킨 경계와 방벽"[1]을 갖추고 있어, 하나님의 든든한 돌보심과 사랑의 실재를 예증하고 강화시켜 준다.

고대 사회에서 성읍 생활은 위험했다. 바깥세상은 조금이라도 허술해 보이면 언제라도 공격할 태세인 약탈자들로 우글댔다. 그만큼 공동체의 생명이나 고도의 문명 발전을 위해서는 부단한 경계가 최우선 과제였다. 성읍마다 그들을 안전히 지켜 줄 치밀하고 광범위한 방어 체계가 필요했다. 벽을 쌓고 참호를 파는 데 막대한 인력과 경비가 소요됐다.

우리가 살고 있는 세상도 그렇다. 형태는 변했을지 몰라도 여전히 그러한 방벽을 세운다. 정치적으로는 물론 인격적으로 그러한 일이 진행된다. 외부 세계는 확대된 형태의 내면적·영적 세계일 뿐이다. 인간을 관찰하는 심리학자들은 우리가 스스로를 보호하기 위해 고도의 안전 장치(설리번)와 방어 기제(프로이트)를 사용한다고 말한다.

믿음의 사람들도 여느 사람들과 마찬가지로 그러한 보호와 안전을 필요로 한다. 그런 면에서는 별반 다르지 않다. 다른 점이 있다면, 우리는 스스로 그런 요새를 세울 필요가 없음을 안다는 점이다. "하나님은 안전한 피난처, 우리가 어려울 때 즉시 도우시는 분"(시 46:1). "산들이 예루살렘을 둘러싸듯, 하나님께서 자기 백성을 둘러싸시네. 지금껏, 또 언제까지나." 우리는 언제든, 악이 갑자기 우리를 덮치지는 않을까 뒤를 돌아볼 필요가 없다. 나도 모르게 유혹에 빠져 넘어지게 될까 봐 항상 발부리만 살피고 있을 필요도 없다. 하나님이 우리 편에 계신다. 다른 시편 저자의 말대로, "내가 뒤돌아보아도…앞을 내다보아도 주께서는 거기"(시 139:5) 계신다. 사실이 그렇다면 우리를 위한 주님의 기도 외에 달리 더 필요한 것이 있을까? "거룩하신 아버지…그들을 지켜 주셔서…나는 그들을 세상에서 데려가 달라고 구하는 것이 아니라 그들을 악한 자에게서 지켜 달라고 구하는 것입니다"(요 17:11, 15). 우리를 위해 천부께 드려진 그런 기도가 있는데 우리가 어찌 안전하지 않겠는가?

들쭉날쭉한 역사

그래도 우리는 쉽게 불안해지고 두려운 기분에 사로잡히고 확신을 갖지 못하고 불안정해진다. 우리가 갈망하고 우리의 운명이라고 생각하는 자신만만하고 굳건한 믿음은 언제고 재발하는 불안정에 흔들리곤 한다. 그런 면에서 시편 125편을 노래하는 것은 그리스도인이 확신을 키우고 불안정을 몰아내는 한 방편이 될 것이다. 이 시편은 삶이 우울해질 때 불어 제끼는 휘파람 수준이 아니다. 우리를 괴롭히는 전형적인 불안정의 요인들을 정직하게 직면함으로써 마침내 대수롭지 않게 여길 수 있는 비결―그것이 그 안에 있다.

안정감을 위협하는 것은 우울한 감정과 의심이다. 본문에서 신자는 "시온산과 같다네. 결코 흔들리지 않고 언제든 기댈 수 있는 견고한 바위산"이라고 묘사된다. 그러나 나는 요동한다. 믿음이 충만한 날이 있는가 하면 의심이 가득한 날이 있고, 눈부신 아침 햇살에 눈을 뜨면서부터 생기가 넘치는 하루가 있으면, 종일 가라앉고 쓸쓸하고 풀이 죽고 울적해지는 다음 날이 있다. "흔들리지 않고?" 나만큼 흔들리는 사람도 없다. 나는 거의 무엇에든 동요한다. 슬픔, 기쁨, 성공, 실패, 그 무엇에든…. 날씨에 따라 오르내리는 수은주처럼 말이다.

2년 전, 한 친구로부터 "들쭉날쭉한 이스라엘 역사"라는 말을 들었다. 이스라엘은 하루는 괜찮다가도 다음 날은 죽 쑤는 백성이었다. 승전가를 부르며 홍해를 가로질러 승리의 행진을 하는 날이 있었는가 하면, 이집트의 떡과 고기를 잊지 못해 사막에서 불평하는 나날도 있었다. 뜨거운 찬양과 나팔소리가 울려 퍼지는 가운데 여리고성 주위를 행진했는가 하면, 가나안 족속의 다산의 여신 앞에서 난행에 취하기도 했다. 예수님의 명령을 경청하고 그분의 사랑을 받으며 그분과 함께 다락방에 있다가도, 다음 날 바깥 뜰에서 예수를 안 적조차 없노라고 부인하고 저주한 그들이었다.

그럼에도 불구하고 들쭉날쭉한 이스라엘 역사 속에는 확고한 불변의 사실이 있다. 이스라엘은 언제나 하나님의 백성이었다는 것이다. 하나님은 변함없이 그들과 함께하시면서 자비와 심판을 베푸시는 가운데 한결같이 은혜로우셨다. 그래서 모든 것이 결국, 자신의 백성을 구속하시는 하나님이라는, 의심할 수 없는 부동의 환경 안에서 진행되었다는 인식을 떨쳐 버릴 수 없다. 그와 더불어 우리는 하나님에 대한 감정이 아니라 하나님이라는 사실이 나를 살게 했음을 알게 된다. 나의 우울한 감정을 믿기를 거부하고 하나님을 믿기로 선택한다. 내 다리가 부러졌다고 해서 내가 좀 더 못난 사람이 되는 것도 아니고 아내나 아이들이 나와 의절하는 것도 아니다. 나의 믿음이 깨지고 감정이 상했을 때도 하나님은 나를 버리시거나 거부하시지 않는다.

나의 감정은 여러모로 중요하다. 감정은 필수적인 것이며 소중한 것이다. 진실되고 사실적인 많은 것을 감지하게 한다. 그러나 감정은 하나님이나 하나님과 나의 관계에 대해서는 아무것도 말해 주지 못하는 경우가 많다. 나의 안전은 하나님이 어떤 분이신지에 달려 있지, 내가 어떻게 느끼느냐에 달려 있지 않다. 제자 됨은 내가 하나님에 대해 알고 있는 바에 따라 살아가는 것이지, 하나님이나 나 자신, 이웃에 대해 그때그때 **느끼는** 바에 따라 살아가는 것이 아니다. "하나님을 신뢰하는 이들, 시온산과 같다네. 결코 흔들리지 않고 언제든 기댈 수 있는 견고한 바위산." 하나님 백성의 실존—믿을 만하고 변하지 않고 안전하고 확실한—의 이미지는 심리학이 아닌, 지질학에 속한다.

다모클레스의 검

불안정감의 또 다른 출처는 아픔이나 고난이다. 기분 나쁜 일이 생긴다. 그것 없이는 살 수 없을 것 같은 것을 잃어버린다. 특히 우리가 사랑하는 대상에게 고난이 닥칠 때는 부당하다고 느낀다. 왜 하나님은 이런 일을 허락하실까? 근심이 우리 마음에 침투한다. 다모클레스(디오니시오스왕의 신하로, 왕은 머리카락 한 올로 매달아 놓은 칼 아래 그를 앉혀 놓고 연회를 베풀어, 왕위에 있는 자는 언제나 목숨이 위태로움을 말해 주었다—역주)의 칼 아래 있는 듯한 극도의 초조함에 짓눌린다. 언제 해고당할지 모른다. 그런 끔찍한 일이 내 친구에게 일어날 수 있다면, 내가 겪는 것도 결국은 시간 문제다.

시편 저자는 이 모든 것에 대해 누구보다도 잘 알고 있다. 질병과 죽음, 절망과 박해. 그는 군사적 침입에 의한 약탈과 도륙, 또는 자연재해로 인한 기근과 지진에 익숙하다. 시편 125편은 마취제가 있는 병원이나 아스피린이 담긴 약병을 알지 못하고, 국토 방위에 수천억 달러를 쓰는 정부를 가져 보지 못한 시대의 사람이 쓴 글이다. 아픔이나 고난은 가장 생생한 그의 일상이다. 그런데도 어떻게 그의 확신은 붕괴되지 않았을까?

그 답은 여기 있다. "악인의 주먹질에 의인이 제 몫을 빼앗기거나 폭력으로 내몰리는 일 결코 없으리라." 핵심 단어는 '빼앗다'(violate)로 현재 시행 중인 하나님의 계획을 취소시킨다는 뜻이다. 이스라엘은 압제라면 이골이 난 백성이었다. 악인의 권세는 수시로 이스라엘을 덮쳤다. 바로, 블레셋, 디글랏 빌레셀, 산헤립, 느부갓네살, 가이사 등. 이방인에게 그때마다 악인의 권세가 이스라엘의 삶을 지배하는 것처럼 보였을 것이다. 그러나 그들 내면의 믿음의 증거는 그렇지 않다고 말했다. "악인의 주먹질에 의인이 제 몫을 빼앗기거나 폭력으로 내몰리는 일 결코 없으리라."

악이 영원하다면, 구원의 희망조차 없다면 아무리 신실하고 경건한 사람이라도 "폭력으로 내몰리[고]" 말 것이다. 그러나 하나님은 그것만은 허락하지 않으신다. 위험이나 압제가 믿음보다 과한 일은 결코 없을 것이다. 욥에게도 그러했고, 예레미야에게도 그러했으며, 예수님께도 그러했다. 악의 세력은 오직 한때다. "최악의 사태는 지속되지 않는다."[2] 하나님의 공의를 거스르는 것은 그 무엇도 영원할 수 없다. 바울의 증언도 있다. "여러분의 앞길에 닥치는 시험과 유혹은 다른 사람들이 직면해야 했던 시험과 다르지 않습니다. 다만 여러분이 기억해야 할 것은, 하나님께서 여러분을 포기하지 않으시고, 여러분이 한계 이상으로 내밀리지 않게 하시며, 그 시험을 이기도록 언제나 곁에 계시며 도우신다는 사실입니다"(고전 10:13). "하나님은 '이제 그만하면 됐다!'라고 말씀하실 때를 아신다."[3]

해지 불가능 계약

그리스도인에게 약속된 확신을 위협하는 세 번째 요인은 타락의 가능성이다. 이와 관련해 대개의 그리스도인들은 "한 번 구원은 영원한 구원"이라는 진리를 믿고 있다. 일단 그리스도인이 되면 탈퇴란 없다. 일종의 해지가 불가능한 계약인 셈이다. 일단 서명하고 나면 장관이나 대법원이 그 어떤 지시를 내린다 해도 다시 자유 계약인이 될 수 없다.

나 역시 그렇게 생각하고 그것이 아무리 보편적인 사실이라 해도, 예외는 있기 마련이다. 만약 우리가 처음 믿을 때 강요하시지 않은 하나님이시라면, 나중에도 우리의 의지를 거슬러 억지로 계속 믿게끔 강요하시는 하나님도 아닐 것이다. 변절이 가능하다. 우리는 가룟 유다를 알고 있다. "믿음을 망쳐 버린" 후 메내오와 알렉산더도 알고 있다(참조. 딤전 1:19-20). 이들은 시편에 "타락한 자"라고 묘사된 이들이다.[4] 제자의 길은 험난해지고 그들은 좀 더 폭신하고 쉬운 길을 약속하는 나무 숲 사이로 뚫린 출구를 본다. 갈피를 잡지 못하다가 마음을 돌려 진로를 이탈한다. 그리고 결코 돌아오지 않는다.

만약 변절이 가능하다면, 나는 결코 변절하지 않으리라는 것, 또는 더 나쁜 경우로, 내가 변절하지 않았다는 것을 어떻게 알 수 있겠는가? 특히 내가 낙담해 있거나 현재 닥친 불행 뒤에 또 다른 불행이 기다리고 있을 때에 아직 믿음을 잃은 것은 아님을 어떻게 알 수 있는가?

이처럼 교묘하게 주입된 불확신은 직접적이고 분명하게 직면해야 한다. 무의식적으로 신앙에서 멸망으로 밀려가는 것은 불가능하다. 우리는 잃어버린 양같이 방황한다. 사실이 그렇다. 하지만 하나님은 끈덕지게 우리를 찾아다니는 신실한 목자이시다. 우리는 극성스럽게 믿다가도 어느 날 의심으로 침울해지는 변덕쟁이다. 그러나 하나님은 미더우시다. 우리는 약속을 어기지만 하나님은 약속을 어기지 않으신다. 제자 됨은 내 편에서 의무 조항을 파기했다고 해서 하나님 편에서도 얼마든지 그러실 수 있는 성격의 협정이 아니다. 그것은 하나님이 규정을 세우시고 결과를 보증하시는 성격의 언약이다.

분명 당신은 당신이 원하는 대로 떠날 수도 있다. 하나님을 거부할 수도 있다. 믿음은 자유이기에. 굽은 길을 택할 수도 있다. 하나님은 당신이 당신 의지대로 못 하게 억지로 가두시지는 않는다. 그러나 배교는 어쩌다 실수로 추락하거나 모르고 빠져드는 것과는 다르다. 그것은 지속적이고 고의적이며 결단에 의한 거절의 행위를 요한다.

내가 아는 모든 신앙인은 죄를 짓고 의심 많고 한결같지 않다. 우리가 불안 없이 든든할 수 있는 것은 우리 자신에 대한 확신 때문이 아니라 우리를 향한 하나님의 확신 때문이다. 시편 125편은 "하나님을 신뢰하는 이"로 시작한다. 그는 자신의 선행이나 도덕성, 정의감, 건강, 목사나 의사, 대통령이나 경제, 국가를 의뢰하지 않고 "하나님을 신뢰하는 이"다. 하나님이 우리를 위해 영원토록 지켜 주심을 결연히 믿는 자다.

한데 묶인 등반자

어린 시절 나는 단짝 친구 둘과 함께 매일 약 1.6킬로미터나 되는 길을 걸어서 학교에 갔다. 그 길의 4분의 1 지점쯤부터는 기찻길이었고 거기서부터는 철로 위를 걸어다녔다. 그러면서 서로

철로에서 떨어지지 않고 똑바로 걸어가려 하면서 상대방에게 훼방을 놓았다. 균형을 못 잡도록 무언가를 던지기도 하고, 주의를 딴 데로 돌리려고 말을 걸거나, 열차가 온다고 소리치거나, 개천에 시체가 있다고 놀래키곤 했다.

혹자는 그리스도인의 삶이란 사탄과 그 심복들에게 조롱을 당하면서 비틀거리며 아슬아슬하게 철둑 위를 걷는 것과 같지 않겠느냐고 생각한다. 능력 있고 운 좋으면 하늘나라까지 무사히 닿을 수도 있을 테지만, 그것은 어디까지나 알 수 없는 일이라고….

그러나 시편 125편은 결코 그렇지 않다고 말한다. 그리스도인이 된다는 것은 안전하게 요새에 둘러싸인 예루살렘 한가운데 있는 것과 같다. "처음에 우리가 자리를 잡으면 그다음엔 참호가 우리를 둘러싼다. 우리가 정착하면 파수꾼이 망을 본다. 처음엔 언덕쯤 되었으나 나중에는 산맥에 둘러싸인 듯이 보호된다."[5] 따라서 "이스라엘에게 평화가 있기를"이라는 마지막 문장이 성립된다. 이를 문맥에 맞게 좀 더 생생한 구어체로 옮기면, "마음 놔!"가 될 것이다. 우리는 안전하다. 주도권은 하나님께 있다. 우리의 우울한 감정이나 고난당한 사실, 또는 타락의 가능성, 그 무엇도 하나님이 우리를 버리셨다는 증거는 못 된다. 하나님이 우리의 삶 속에서 그분의 구원을 이루시고 우리의 역사 속에서 그분의 뜻을 성취하실 것이란 사실만큼 확실한 것도 없다. 우리가 얼마나 쉽게 최악을 상상하는지 잘 아시는 예수님은 산상 설교에서 세 번씩이나 우리를 안심시키는 명령을 반복하신다. "염려하지 말라"(마 6:25, 31, 34, 개역개정). 하나님과 함께하는 우리의 삶은 든든한 것이다.

등반자들은 지형이 험한 곳이나 절벽, 빙벽 경사면에서 서로를 연결하는 밧줄을 맨다. 간혹 그들 중 하나가 미끄러져 낙하한다. 변절자처럼 말이다. 그러나 모든 사람이 한꺼번에 떨어지지는 않는다. 따라서 여전히 제대로 서 있는 이들이, 떨어지는 사람이 완전히 추락하는 것을 막을 수 있다. 그리고 물론 등반 그룹마다 인솔을 책임지는 베테랑이 있다. 히브리서는 그 베테랑을 "예수…이 경주를 시작하고 완주하신 분"(히 12:2)이라고 밝힌다.

신앙 노정을 여행하는 것과 그리스도를 향한 등반은 험난할 수 있다. 그렇다고 걱정할 일은 아니다. 날씨가 불리하게 작용할 수도 있지만 결코 치명적인 위험거리는 못 된다. 미끄러지고 넘어지고 떨어질 수도 있다. 그러나 우리를 붙잡아 주는 밧줄이 있다.

8장

기쁨

"우리, 웃음을 터뜨렸네"

꿈인가 생시인가 했지.
붙잡혀 갔던 이들을
하나님께서 다시 시온으로 데려오셨을 때.
우리, 웃음을 터뜨렸네. 노래를 불렀네.
너무 좋아 믿을 수 없어 했지.
우리는 뭇 민족들의 화젯거리였네.
"저들의 하나님, 참으로 놀랍군!"
그렇고말고, 우리 하나님은 정말 놀라우신 분.
우리는 그분의 행복한 백성.
하나님, 다시금 그렇게 해 주소서!
가뭄에 찌든 우리 삶에 단비를 내려 주소서.
절망 가운데 곡식을 심은 이들,
환호성을 올리며 추수하게 하소서.
무거운 마음을 지고 떠났던 이들,
한 아름 복을 안고 웃으며 돌아오게 하소서.

시편 126편

가톨릭교회의 시성식(성인의 반열에 올리는 것—역주)에는
후보자에게서 기쁨의 증거를 요구하는 절차가 있다는
글을 읽은 적이 있다.
이에 대해 비록 뒷받침할 만한 자료를 찾아낼 수는 없었지만
근엄함이 성스러움의 표는 아님을 시사하는 것 같아 공감이 갔다.

필리스 맥긴리

엘런 글래스고(Ellen Glasgow)는 그녀의 자서전에서, 교회의 장로이면서 맡은 바 임무에 고지식할 정도로 투철하고 엄격했던 아버지에 대해 이렇게 술회했다. "그분은 철두철미하게 이타적이셨고 한평생 쾌락과는 담을 쌓은 분이셨다."[1] 그런가 하면 피터 제이(Peter Jay)는 「볼티모어 선」(*Baltimore Sun*) 정치란 기고문에, 한 메릴랜드 출신 정치인의 강직함과 검소함을 묘사하면서 "그는 옷차림도 장로교인처럼 하고 다닌다"고 썼다.

소위 그리스도인 중에 웃음도 인색하고 농담이라곤 전혀 받아넘길 줄 모르는 이들이 있다. 거기에 장로교인들도 한몫했다고 생각한다. 그러나 그런 사람들을 그렇게 많이 보지는 못했다. 어쩌면 그와 같은 틀에 박힌 생각은 사탄이 지어낸 엄청난 거짓말이 아닐까 싶다. 그리스도의 제자로서의 길을 가면서 발견한 기쁨에 겨운 진실 중 하나는, 거기에 얼마나 많은 즐거움과 넘치는 웃음이 있으며 또 얼마나 순전한 재미가 있는가 하는 것이다.

필리스 맥긴리(Phyllis Mcginley)의 『성자 지켜보기』(*Saint-Watching*)에는 이런 이야기가 있다. 마르틴 루터(Martin Luther)의 절친한 친구이자 "아우크스부르크 신앙 고백"(Augsburg Confession)의 저자인 필리프 멜란히톤(Philipp Melanchton)은 격정적인 루터와는 대조적으로, 행동가이기를 거부하고 학자이기를 고집했을 만큼 냉정한 기질의 소유자였다. 그는 독일 종교개혁에 참여한 후에도 계속 수사처럼 살았다…. 어느 날 멜란히톤의 고매한 절제력을 참다못한 루터는 이렇게 소리쳤다. "제발, 밖에 나가서 죄를 좀 짓고 와 보게! 그래야 하나님도 자네를 용서하실 게 있지 않겠는가?"[2]

필요 조건이 아닌 결과

"우리, 웃음을 터뜨렸네. 노래를 불렀네." 이는 진정한 그리스도인의 표지요, 구원받은 자의 징후다. 기쁨은 그리스도인의 순례의 특징이다. 바울이 말한 성령의 열매 중 두 번째로 언급된 것도 희락이다(갈 5:22-23). 예수님이 요한복음에서 행하신 첫 번째 이적―물로 포도주를 만드신 일―도 기쁨을 위한 것이다. 베르댜치프의 하시드 레비 이츠하크(Hasid Levi-Yitzhak of Berditchev) 또한 그러했다. "그의 미소는 그의 설교보다 더 큰 뜻을 내포하고 있었다."[3] 성경의 많은 부분에서도 이와 동일한 사실이 적용된다. 미소는 설교보다 많은 의미를 전한다.

그렇다고 기쁨이 그리스도인의 삶에서 도덕적으로 요구된다는 것은 아니다. 우리 중 어떤 이들은 슬픔과 고통으로 가득한 사건을 체험하기도 한다. 어떤 이들은 기쁨이 영영 떠나간 것처럼 보일 때 삶의 밑바닥까지 내려가기도 한다. 그러한 시기나 환경에서 "그래, 이게 모두 내가 제대로 된 그리스도인이 아니라는 결정적인 증거야. 그리스도인이면 함박웃음 지으며 즐거운 환성 속에 묻혀 살아야 하는데 난 그렇질 못해. 난 즐겁지 않아. 그러니 난 그리스도인이 아님에 틀림없어"라고 해서는 안 된다.

기쁨은 그리스도의 제자가 되기 위한 자격이 아니라 결과다. 그것은 우리가 그리스도 안에서의 삶을 경험하기 위해 갖춰야 하는 것이 아니라, 믿음과 순종의 길로 행할 때 찾아오는 것이다.

우리는, 찰나를 제외하고는 우리 안에 기쁨의 원천이 없으므로 하나님께로[그리고 하나님의 도(道)에 대한 계시로] 나아간다. 기쁨은 풍요의 산물이다. 생기가 흘러넘치는 것이다. 모든 것이 조화롭게 역동하는 삶이다. 그리고 생기에 가득 찬 것이다. 불완전한 죄인인 우리로서는 누구도 그러한 상태를 오래도록 유지하지 못한다.

우리는 오락을 통해 기쁨을 얻으려 한다. 우스갯소리나 이야기를 들려주고, 연극 공연이나 노래를 불러 줄 누군가에게 값을 지불한다. 우리 자신의 재미없는 삶을 전환시켜 주고 활력을 넣어 줄 누군가의 상상력에서 생기를 산다. 미국의 거대한 연예·오락 산업은 우리 문화 속에 기쁨이 고갈되었음을 보여 주는 상징이다. 사회는 폭식 후에 거북한 배를 꺼트릴 요량으로 궁중 어릿광대를 고용한, 따분해하고 탐욕스러운 왕과 같다. 그러나 그러한 종류의 기쁨은 우리의 삶을 투과하지도, 우리의 근본적인 체질을 변화시키지도 못한다. 효과는 고작 몇 분, 몇 시간, 기껏해야 며칠로 극도로 일시적이다. 돈마저 바닥나면 기쁨도 고갈된다. 우리는 스스로를 기쁘게 할 수 없다. 기쁨은 명령할 수도, 구매할 수도, 조정할 수도 없다.

그러나 우리가 할 수 있는 것이 있다. 하나님의 부요하심에 응답하며, 우리 자신의 초라한 욕구의 횡포 아래 살지 않기로 결심하는 것이다. 우리는 죽어 가는 자아가 아니라 살아 계신 하나님이라는 환경에서 살기로 결심할 수 있다. 탐욕스럽게 움켜쥐기만 하는 우리의 자아가 아닌, 후히 베푸시는 하나님 안에 거하기로 결심할 수 있다. 그러한 삶의 한 가지 결과가 바로 시편 126편에 표현된 유의 기쁨이다.

기쁨: 과거, 현재, 미래

시편 126편의 중심 문장은 "우리는 기쁘도다"(3절, 개역개정)이다. 3절을 중심으로 앞의 구절(1-2절)은 과거, 뒤의 구절(4-6절)은 미래 시제로 되어 있다. 현재의 기쁨은 과거와 미래가 있다. 그것은 덧없는 한순간의 정서가 아니다. 이는 날씨와 증시가 동시에 호전된 날, 덩달아 치솟는 유쾌한 감정이 아니다.

여기서 기쁨의 배경은 넌지시 비춰질 뿐이다. 그러나 나열된 단어들은 방대한 기억의 물꼬를 튼다. "꿈인가 생시인가 했지. 붙잡혀 갔던 이들을 하나님께서 다시 시온으로 데려오셨을 때. 우리, 웃음을 터뜨렸네. 노래를 불렀네. 너무 좋아 믿을 수 없어 했지. 우리는 뭇 민족들의 화젯거리였네. '저들의 하나님, 참으로 놀랍군!' 그렇고말고, 우리 하나님은 정말 놀라우신 분. 우리는 그분의 행복한 백성." 하나님이 어떤 "큰일"(개역개정)을 행하셨다는 것인가? 우리는 성경의 거의 모든 장에서 그에 대한 암시와 이야기를 발견한다. 이집트 피라미드의 그늘과 가혹한 주인의 채찍 아래 영원히 끝날 것 같지 않은 기나긴 노예 생활로 연명해 가는 하나님의 백성의 이야기가 있다. 그런데 아무런 예고도 없이 돌연 그 생활의 끝이 왔다. 매일 '볏짚도 없이 벽돌'을 구워야 했던 그들에게, 소리쳐 노래하며 홍해의 긴 비탈길을 달음박질치는 날이 온 것이다. "내 마음 다해 하나님께 노래하리라, 이 놀라운 승리를! 그분께서 말과 기병을 바다에 던지셨네.…**그분은 내가 모시는 하나님**, 나 세상에 알리리라! 그분은 내 아버지의 하나님, 나 그 소식 널리 전하리라!"(출 15:1-2)

또 여러 장을 넘기다 보면 다윗의 이야기가 나온다. 블레셋과의 게릴라전에 바쳐야 했던 광야에서의 수년, 변덕스러운 조울증 환자 사울왕으로 인한 위태로운 생존, 살인과 간음의 죄책으로 인한 고통스러운 암중모색과 기도의 시간 그리고 말년에 이르러 아들의 왕위 찬탈로 쫓겨 나와 따로 정부를 세운 일. 그러나 그 이야기의 끝에 그는 노래한다. "하나님은 내가 발 디딜 반석, 내가 거하는 성채, 나를 구해 주시는 기사"(삼하 22:2)로 시작한 감사의 노래는 "하나님, 만세! 나의 반석, 나의 큰 구원이신 하나님께 찬양을!"(삼하 22:47)이라는 확신으로 끝난다. 그리고 그 중간에 로켓처럼 발사된 환희가 있다. "하나님, 길에 돌연 주의 빛이 차오릅니다. 하나님께서 어둠을 몰아내 주십니다. 나, 날강도 떼를 박살 내고 높디높은 담장도 뛰어넘습니다"(삼하 22:29-30).

그로부터 한참을 읽어 나가면 비극적인 바빌론 포로 이야기와 마주하게 된다. 이스라엘은 사람이 겪을 수 있는 최악의 상황을 경험했다. 거리의 약탈, 부엌에서 벌어지는 식인 행위, 야수로 돌변한 이웃, 960킬로미터에 걸친 사막 행군, 포획자들의 통렬한 조소. 그러나 믿을 수 없는 환희가 찾아온다. 처음엔 낮고 부드러운 목소리로 다가온다. "위로하여라. 오, 내 백성을 위로하여라.' 너희 하나님께서 말씀하신다. '부드럽고 다정한 말로, 그러나 분명한 말로 예루살렘에 전하여라. 이제 형을 다 살았다고, 이제 죄가 해결되었다고, 용서받았다고!'"(사 40:1-2). 그러다 도우심의 재확증이 한층 강해진다. "네가 물에 빠져 허우적거릴 때, 가라앉게 내버려 두지 않을 것이다.…그러니 두려워하지 마라. 내가 너와 함께한다"(사 43:2-5). 그 목소리들이 한데 합쳐져 드디어 하나의 선언으로 파도친다. "얼마나 아름다운가, 기쁜 소식을 들고 산을 넘는 이의 발이여! 모든 것이 잘되었다 전하고, 좋은 세상이 열렸다 선포한다. 구원을 선언하면서 시온에게 '이제 하나님이 통치하신다!' 일러 준다. 저 목소리들! 들어 보아라! 너의 정찰병들이 외치는 소리, 우레와 같은 소리, 환희 가득한 합창소리다. 그들이 본다. 하나님께서 시온으로 돌아오시는 광경을 똑똑히 본다"(사 52:7-8). 감사와 즐거움이 둥지를 틀고 날아오르기 시작한다. 환희라는 일대 지각 변동이 일어난 것이다.

"꿈인가 생시인가 했지. 붙잡혀 갔던 이들을 하나님께서 다시 시온으로 데려오셨을 때." 도저히 불가능한 기적! 하나님의 행하심은 그러했다. 어떤 식으로든 그런 일이 벌어질 수는 없는 노릇이었다. 그런데 그런 일이 일어났다. "꿈인가 생시인가 했지."

우리는 그렇듯 얼굴 가득한 웃음의 기억, 환희의 탄성에 물을 준다. 그리고 우리의 마음을 하나님의 행하심에 관한 이야기들로 채운다. 기쁨에는 역사가 있다. 기쁨은 하나님이 하시는 일에 관련된 이들에게서 검증되고 거듭되는 체험이다. 그것은 역사 속의 날짜처럼 선명하고 팔레스타인의 암반층처럼 견고하다.

기쁨은 그와 같은 토대 위에 세워지고 그와 같은 역사 속에 살 때 비로소 커 간다.

기쁨에 찬 기대

"우리는 기쁘도다"라는 구절의 다른 켠, 즉 4-6절은 미래 시제로 되어 있다. 기쁨은 기대를 통해 자라난다. 만일 기쁨을 일으키는 하나님의 행하심이 그분의 백성 된 우리의 과거를 수놓았다면, 여전히 그분의 백성일 우리의 미래 또한 그러할 것이다. 하나님이 우리와 함께 일하시는 방식을 변덕스럽게 바꾸실지도 모른다고 지레짐작할 이유가 없다. 우리는 지금 알고 있는 하나님, 바로 그 하나님을 더욱 알아 갈 뿐이다. 기쁨은 과거를 통해 자랄 수 있는 것과 마찬가지로 미래에서 빌려 올 수도 있다. 기쁨은 어떤 일이 일어나기를 기대하는 것이다.

두 가지 심상이 이러한 소망을 보여 준다. 첫 번째는 "가뭄에 찌든 우리 삶에 단비"(시 126:4)다. 이스라엘 남방에 위치한 네게브는 거대한 사막이다. 네게브의 수로들은 풍우에 의한 침식 작용으로, 토양이 파여 형성된 도랑들이 그물처럼 연결되어 있다.

거의 1년 내내 햇볕에 타 들어가 굳어진 땅에 갑작스레 비가 쏟아지면 사막은 어느새 만발한 꽃들로 타오른다. 우리의 삶도 그렇다. 기다림에 지친 오랜 불모의 시절이, 하나님의 은혜의 급습으로 막을 내린다.

두 번째 심상은 이것이다. "절망 가운데 곡식을 심은 이들, 환호성을 올리며 추수하게 하소서. 무거운 마음을 지고 떠났던 이들, 한 아름 복을 안고 웃으며 돌아오게 하소서." 농부는 황무지에 곡식을 심는 모진 수고 뒤에 찾아오는 결실의 때를 안다. 온갖 시련과 고통, 공허, 실망의 씨앗이다. 하나님 안에서 그 곡식을 심으라. 그러면 그분은 마침내 그 씨앗으로부터 기쁨의 단을 추수하게 해 주신다.

이 시편을 쓰고 노래한 이들은 결코 인생의 어두운 면에 생소한 이들이 아니었음이 분명하다. 포로기의 쓰라린 기억이 뼛속 깊이 사무쳐 있었으며 압제의 설움을 봇짐처럼 지고 다녔다. 마음의 사막과 눈물의 밤도 맛보아 아는 그들이었다. 그래서 절망 가운데 곡식을 심는다는 것의 의미를 누구보다 잘 알고 있었다.

그리스도인으로 살면서 터득한 가장 흥미롭고도 놀랄 만한 사실은 웃음이 눈물을 없애 버리지 않는다는 것이다. 그리스도인의 기쁨은 슬픔으로부터의 도피가 아니다. 고통과 시련이 여전히 닥쳐와도 구속받은 자의 기쁨을 앗아 갈 수는 없다.

기쁨을 얻는 가장 보편적이고도 실속 없는 전략은 상처를 무시하려고 애쓰는 것이다. 말단 신경을 무디게 함으로써 고통을 없애거나 일체의 위험 요소를 배격함으로써 불안정한 것들을 근절시키거나 인간관계를 멀리함으로써 실망의 싹을 없애는 식으로 말이다. 대신 여행이나 오락이 주는 기쁨을 사서 그와 같은 삶의 지루함을 경감시킨다. 그러나 시편 126편에서 그러한 기쁨의 기미는 비치지 않는다.

밝은 웃음은 하나님의 위대한 사역 한가운데를 지날 때, 그런 삶을 인식할 때 주어진다("붙잡혀 갔던 이들을 하나님께서 다시 시온으로 데려오셨을 때. 우리, 웃음을 터뜨렸네. 노래를 불렀네"). 기쁨의 향유는 지루함을 탈피하는 데 있지 않고, 하나님의 사역에 흠뻑 빠져드는 데 있다("무거운 마음을 지고 떠났던 이들, 한 아름 복을 안고 웃으며 돌아오게 하소서"). 과거와 미래 어느 쪽이든 많은 시련이 존재한다. 다만, 하나님이 눈물을 닦아 내는 법을 아시고 부활의 역사 가운데 새 생명의 웃음을 탄생시키기 때문에 기쁨이 온다. 기쁨은 하나님이 주셔서 누리는 것이지 우리가 일궈 내는 것이 아니다. 웃음이란 하나님을 사랑하는 자에게 모든 것이 합력하여 선을 이루는 상태의 즐거움에서 연유하는 것이지, 불안정한 방어 체계로 인한 흥분의 징후인 킬킬거림 정도를 일컫지 않는다. 그리스도의 제자로서 살아가는 삶의 노정에서 전개되는 기쁨은 당신 자신이 아니라 하나님에 대한 긍지에서 오는 영적 충만이다. 하나님의 길이야말로 믿을 만한 길이며, 그분의 약속이야말로 확실함을 우리는 발견하게 된다.

이러한 기쁨은 고생을 모면하는 행운과는 상관없다. 건강한 체력이나 고통을 비껴가는 것과도 무관하다. 그리스도인의 기쁨은 고통과 시련, 외로움과 불행의 와중에서 실재한다. 사도 바울이 산증인이다. 그는 언제나 이러저러한 방법으로 그의 기쁨을 간증했다. 그 외침은 그의 생애 전 궤적을 통해 북소리같이 울려 퍼졌다. "그뿐 아닙니다. 온갖 환난에 포위되어 있을 때에도 우리는 소리 높여 찬양하기를 멈추지 않습니다. 환난이 우리 안에 열정 어린 인내를 길러 주고, 그 인내가 쇠를 연마하듯 우리 인격을 단련시켜 주며, 우리로 하여금 하나님께서 장차 행하실 모든 일에 대해 늘 깨어 있게 해 준다는 것을 우리가 알기 때문입니다. 이 같은 희망 속에 늘 깨어 있을 때, 우리는 결코 실망하는 법이 없습니다. 오히려 정반대입니다. 우리가 하나님께서 성령을 통해 우리 삶 속에 아낌없이 쏟아붓고 계신 그 모든 것을 다 담아내기에는, 아무리 많은 그릇으로도 부족합니다!…우리는 노래하고 외칩니다! 메시아 예수를 통해 하나님께 우리의 찬양을 드립니다!"(롬 5:3-5, 11) 이는 곧 "하나님, 다시금 그렇게 해 주소서! 가뭄에 찌든 우리 삶에 단비를 내려 주소서"(시 126:4) 하는 기도가 이루어진 것이다.

나아가 우리는 감옥으로부터 터져 나온 빌립보서의 결론을 듣는다. "날마다, 온종일 하나님을 찬양하십시오. 하나님께 **푹 빠지십시오!** 만나는 모든 사람에게, 여러분이 그들 편이며 그들과 함께 일하며 그들을 거스르지 않는다는 것을, 할 수 있는 한 분명하게 보여 주십시오. 주님이 곧 도착하신다는 것을 그들에게 알리십시오. 그분은 지금 당장이라도 나타나실 수 있습니다!"(빌 4:4-5) 헬라 스토아학파의 엄숙함 따위는 찾아볼 수 없다. 슬픔을 걷어치우고 노래로 일어서는 웨일스 찬송의 늠름함이 있을 뿐이다. 그것은 희망의 결과이기도 하다. "무거운 마음을 지고 떠났던 이들, 한 아름 복을 안고 웃으며 돌아오게 하소서." 이러한 간증은 세대에서 세대로 거듭 이어졌고 모든 그리스도인 공동체에 파송된 증인들이 있었다.

시편 126편은 그러한 기쁨을 하나의 공식이나 패키지 상품처럼 제공하지는 않는다. 그보다는 색다른 접근을 유도한다. 세상 희락의 덧없음을 드러내고 하나님이 주시는 기쁨의 견고함을 수긍하게 한다. 기쁨을 찾아 쾌락을 추구하는 이들에게, 그 대가는 점점 커지지만 돌아오는 것은 점점 적어진다는 것을 상기시켜 준다. 그러면서 소개한다. 희락으로 종착하는 제자의 길을…. 그러면서 환희를 체험하며 또 공유하는 믿음의 길로 이끈다. 그러면서 속삭인다. 하나님의 백성의 입과 혀에 웃음과 탄성이 깃들게 한 하나님의 행사를…. 그리고 다짐해 준다. "한 아름 복을 안고 웃으며" 환호 속에 귀향하기까지, 방황하며 울고 있는 그분의 자녀와 동행하시리라는 하나님의 약속을…. 그리고 끝으로 공포한다. 하나님을 예배하러 모였다가 그분의 영광을 위해 살기로 다짐하며 사방으로 흩어지는 백성의 존재와, 그들의 일생은 한편으로는 하나님의 행사에 대한 기억과 그분의 약속에 대한 소망의 양편 경계를 넘나드는 삶임을, 아울러 무슨 일을 당해도 그 중심에는 "우리는 기쁘도다"라는 고백이 메아리칠 수 있는 그들임을 말이다.

9장

일

"하나님이 지어 올리시지 않으면"

하나님이 지어 올리시지 않으면
집 짓는 자들이야 기껏 판잣집이나 지을 뿐.
하나님이 성을 지켜 주시지 않으면
파수꾼이야 밤에 있으나 없으나 매한가지.
아침 일찍 일어나 밤늦게 잠자리에 들며
노심초사 뼈 빠지게 일해 봐야 모두 헛수고.
알아 두어라. 그분께서는 사랑하는 이들에게
쉼 주시길 좋아하는 분이시다.
알아 두어라. 자녀는 하나님이 주시는 최상의 선물,
태의 열매는 그분이 후히 내리시는 유산이다.
젊고 건강한 시절에 낳은 자녀는
전사의 손에 들린 화살과 같다.
오, 화살통에 자녀들이 가득한 부모는
얼마나 복된지!
원수들은 너희 상대가 되지 못하고,
너희에게 초전 박살 나리라.
시편 127편

오늘날의 문명에서 부각되는 첫 번째 중대한 사실은
모든 것이 '수단'화되었다는 것이다.
'목적'은 더 이상 존재하지 않는다.
우리는 우리가 어디로 가고 있는지 모른다.
우리는 공동 목표를 잊어버렸고 막대한 수단만을 소유하고 있다.
그리고 오늘도 미지의 장소에 도달하기 위해
거대한 기계에 시동을 걸고 있다.

자크 엘륄

고대 세계 최대의 숙원 사업이 수포로 돌아가고 만 비극적인 이야기를 우리는 잘 알고 있다. 바벨탑 건설에 집중된 엄청난 인력과 막대한 에너지는 공동체의 붕괴와 의사소통의 혼란만을 초래했고, 이는 여태껏 회복되지 않은 채 문명의 과제로 고스란히 남아 있다. 인간의 수고가 설령 종교적인 것이라 해도, 아니 특히 종교적일 때, 그 자체만으로는 정당화될 수 없다.

제자 된 그리스도인으로서 언제든 배움에 배움을 거듭해 습득해야 할 소양은 "소중한 처음 사랑을 회복하[는]"(계 2:5) 것이다. 아울러 '악과 짝하기를' 절대적으로 거부하는 것이다. 일이란 모든 이의 삶을 구성하는 주된 요소다. 누구도 피할 수 없다. 일은 선하거나 악하거나 둘 중 하나일 수밖에 없다. 그것은 죄가 번성하거나 혹은 믿음이 성숙하는 장이 될 수 있다. 죄는 본질상 곧은 것을 취해서 굽게 만든다. 아주 살짝만 비틀어 놓아도 정확히 조준되어 있던, 하나님이란 과녁에서 빗나간다. 따라서 죄가 우리의 본성을 왜곡시키는 방법에 대해 배우고, 우리가 배운 것을 하나님의 영속적인 뜻에 복종시키는 것이야말로 제자로서 갖춰야 할 소양이다. 그러한 소양을 갖췄을 때 우리는 순종을 통해 새롭게 빚어질 수 있다.

시편 127편은 일을 위한 바른길과 굽은 길, 둘 다를 보여 준다. 아울러 경고와 함께, 하나님의 영광을 위한 일로 인도하는 모범을 제시한다.

바벨 혹은 부처

본문은 우선 일에 대한 경고로 시작한다. "하나님이 지어 올리시지 않으면 집 짓는 자들이야 기껏 판잣집이나 지을 뿐. 하나님이 성을 지켜 주시지 않으면 파수꾼이야 밤에 있으나 없으나 매한가지. 아침 일찍 일어나 밤늦게 잠자리에 들며 노심초사 뼈 빠지게 일해 봐야 모두 헛수고. 알아 두어라. 그분께서는 사랑하는 이들에게 쉼 주시길 좋아하는 분이시다."

어떤 이는 이 본문을 읽으면서 다음과 같이 의역할 수도 있겠다. "그리스도인이 되기 위해 열심히 일할 필요는 없다. 아등바등 애쓸 것도 없다. 가서 잠이나 자라. 필요한 것은 모조리 하나님이 하신다." 사도 바울이 상대해야 했던 데살로니가 교인 중에 그런 이들이 있었다. 그들은 하나님이 그리스도 안에서 모든 것을 성취하셨으므로 그들이 해야 할 일은 남아 있지 않다고 말하곤 했다. 인간의 모든 수고가 하나님을 부인하는 혼돈(바벨탑 사건처럼)이나 위선적인 자기 의(바리새인처럼)로 귀결될 뿐이라면 그리스도인의 해결 방안은 뻔하다. 즉 일손을 멈추고 다시 오실 그리스도를 기다리는 것이다. 우리 주 예수 그리스도와 같은 위대한 구속자가 계시고 전능하신 우리의 하늘 아버지, 하나님이 계신데 더 무슨 할 일이 있겠는가? 그러면서 그들은 둘러앉아 두 손만 모으고 있었다. 어쨌든 그들은 그들보다 덜 영적인 동료들로부터 떨어져 나와 '믿음으로' 살았다. 식객이라 놀리는 못마땅한 시선도 개의치 않았다. 사도 바울은 화가 나서 그들에게 가서 일하라고 말했다. "우리가 듣는 소식에 의하면, 게으르기만 할 뿐 전혀 쓸모없는 무리가 여러분을 이용해 먹고 있다고 하더군요. 그런 짓을 용납해서는 안 됩니다. 그런 사람들에게 명령합니다. 당장 일을 시작하십시오. 변명하거나 이의를 달지 말고 손수 생활비를 버십시오. 친구 여러분, 일손을 놓지 말고 자기 본분을 다하십시오"(살후 3:11-13). 그들에게 복음을 가르친 바울은 "하나님의 메시지를 전하는 동안…후원하는 짐을 지우지 않으려[고]" "몸을 아끼지 않고 일하며 밤늦도록 수고한"(살전 2:9) 반면, 그들은 뻔뻔스럽게 게으름을 합리화하기까지 복음을 곡해했던 것이다.

그리스도인은 바벨의 죄악을 피하기 위해서라면 "절대로 치장하거나 옷을 사들이는 법이 없[는]" 들에 핀 백합화를 흉내 내는 것보다 나은 방법을 찾아야 한다. 바벨처럼 될 허영에 찬 수고나, 반대로 데살로니가에서 번져 나갔던 극단적인 경건주의는 오늘날 동서양의 문화에서도 그 면면이 드러난다.

서구 문화는 무너진 바벨탑을 중건하면서 그와 같은 인간의 노고를 신성시했다. 기계 설비는 경영과 통제를 도모하는 이러한 생활 방식의 상징이다. 과학 기술은 우리에게 땅과 다른 사람을 지배하게 해 주겠다고 약속한다. 그러나 그 약속은 성취되지 않고 있다. 죽음을 부르는 교통사고, 흉물스러운 빌딩 숲, 복지 부동의 관료주의와 의미를 잃어버린 공허한 삶을 보라. 각종 조직이 그 안에 사는 인간보다 중요해졌고, 기계가 그것을 사용하는 인간보다 중요해졌다. 우리는 우리가 누구인지를 말해 주는 우리의 생각이나 꿈보다는 출세의 도구가 될 수 있는 재물에 더 마음을 쓴다.

그런가 하면 동양 문화는 데살로니가적 관점의 변형에 가깝다. 동양 문화에서는 인간의 수고에 대한 뿌리 깊은 염세주의를 드러낸다. 인간의 모든 수고가 이기심과 교만으로 얼룩진 이상 모든 활동으로부터 물러나 순수한 존재로 회귀하는 것만이 해결책이다. 그러한 태도의 상징은 부처다. 눈을 내리깔고 자신의 배꼽을 바라보고 있는 육중하고 기름진 얼굴의 가부좌상. 고요하고 정적인 부동의 자세. 모든 번뇌는 지나친 노고에서 비롯되는 것이니 무위(無爲)로 돌아가라. 경쟁 가도에서 이탈하라. 동적인 세상은 악하므로 모든 것을 멈추라. 가능한 한 적게 말하고 적게 일하라. 그러다 열반의 경지에 달하면 마침내 아무 말도 하지 않고 아무것도 하지 않게 될 것이다. 목표는 모든 활동과 사유와 열정으로부터의 절대적이고 궁극적인 해탈이다.

오늘날 두 문화는 충돌하고 있으며 우리는 둘 중 하나를 택해야 한다고 생각한다. 하지만 또 다른 대안이 있다. 절대적인 활동주의나 순전한 피동주의와는 구별된 방식의 일을 제시하는 시편 127편이 그것이다. 이 시편은 일 자체를 우상시하거나 죄악시하지 않는다. 그것은 "하나님이 당신을 위해 마련해 두신 큰 일이 있으니, 가서 그 일을 하시오!"라거나 "하나님이 모든 일을 행하시니 당신은 가서 낚시나 하시오!"라고 하지 않는다. 일과 관련해 단순한 해결책을 원한다면 일 중독자나 낙오자가 되기 십상이다. 그러나 온전한 일을 체험하고자 한다면 시편 127편을 공부하는 편이 훨씬 나을 것이다.

태초에 하나님은 일하셨다

모든 일에 대한 시편 127편의 대전제는 하나님이 일하신다는 것이다. "하나님이 지어 올리시지 않으면…하나님이 성을 지켜 주시지 않으면…." 여기서 **않으면**이라는 조건절은 하나님이 세우시고 지키신다는 것, 곧 하나님이 일하신다는 것을 전제로 하고 있다.

그리스도인과 비그리스도인의 주된 차이점은 우리는 하나님을 진지하게 받아들이지만 그들은 그렇지 않다는 것이다. 우리는 그분이 모든 존재의 중심 실재이심을 확실히 믿는다. 우리는 그분이 어떤 분이시며 어떤 일을 하시는지에 주목한다. 우리는 다른 어떤 것이 아니라 하나님이라는 실재에 반응하면서 우리의 삶을 꾸려 간다. 하나님께 주목한다는 것은 그분이 일하신다는 깨달음을 포함한다.

성경은 "태초에 하나님이 천상에 엄위롭게 좌정하고 계셨느니라"거나 "태초에 하나님이 미와 사랑으로 충만하셨느니라"가 아니라 "태초에 하나님이 천지를 창조하시니라"는 말로 시작한다. 그분은 창조하셨다. 그분은 무엇인가를 **행하셨다**. 무엇인가를 **만드셨다**. 그분은 하늘과 땅을 지으셨다. 창조의 주간은 곧 노동의 주간이었다. 하루하루는 기상 조건이나 별자리 운세로 서술되지 않았다. 창세기 1장은 작업 일지인 셈이다.

우리는 하나님이 일하고 계신 우주와 역사 속에서 살고 있다. 노동은 무엇보다 앞선 하나님의 활동이다. 노동에 대한 정의를 얻기 위해 사회학자를, 일을 대하는 태도를 위해 심리학자를, 또 노동 분석을 위해 경제학자를 찾기 전에, 우리는 일하시는 하나님에 대한 성경의 기록을 이해해야 한다. 성경을 넘기다 보면 하나님의 일에 대한 기술과 정의를 만나게 된다. 창조의 모델, 구속 사역의 행위, 도우심과 긍휼의 예시, 위로와 구원의 모범 등이 그 안에 있다. 그리스도인이 성경을 반복해서 주의 깊게 읽는 이유 가운데 하나는, 우리도 예수 그리스도의 이름으로 일할 수 있도록 하나님이 예수 그리스도를 통해 어떻게 일하셨는지 알기 위해서다.

사도 바울은 자신의 모든 서신서를 통해, 그리스도인의 일은 곧 필연적이고도 자연스럽고 신실하게, 하나님의 일로부터 발전되어 나올 수밖에 없음을 명시했다. 그는 모든 서신을 일련의 지시 사항으로 맺고 있는데, 그것은 한결같이 하나님의 일에 참여하는 종류의 일로 인도하는 내용이다. 인생이 고달픈 것은 일 자체 때문이 아니라 헛된 일, 무익한 일, 무분별한 일, 하나님을 제쳐 놓고 벌인 일, 앞서 말한 "하나님이…않으면"이라는 조건절을 무시한 일 때문이다. 그리스도인의 제자도는, 우리가 하나님의 사역을 지향하고, 나아가 하나님이 이미 행하고 계신 사역의 주류에 합류하게 함으로써, 일의 중압감으로부터 우리를 자유롭게 해 준다. 투르의 힐라리우스(Hilary of Tours)는 그리스도인은 "하나님을 위한 불경건한 열심"(irreligiosa solicitudo pro Deo), 즉 자기 자신을 위해 하나님의 사역을 하려는 신성 모독적인 열망을 부단히 경계해야 한다고 가르쳤다.¹

우리의 수고는 '세상 가운데서 구원을' 베푸시는 하나님과의 접촉이 끊길 때 그릇된 방향으로 나아간다. 지나치게 일할 때나 전혀 일하지 않을 때, 또 강박적으로 일에 집착할 때(바벨)나 맡겨진 일을 방치하고 태만할 때(데살로니가 교인) 우리의 수고는 잘못된 것이다. 기본적인 진리는 일은 선한 것이라는 사실이다. 하나님이 일하신다면 일은 분명 정당한 것이다. 일은 존엄한 것이다. 하나님이 일하신다면 노동을 평가 절하할 수 없다. 일은 목적을 지닌다. 하나님이 일하신다면 쓸데없는 일이란 없다.

노력하지 않아도 되는 일

시편은 경고뿐만 아니라 예시를 제공한다. "알아 두어라. 그분께서는 사랑하는 이들에게 쉼 주시길 좋아하는 분이시다. 알아 두어라. 자녀는 하나님이 주시는 최상의 선물, 태의 열매는 그분이 후히 내리시는 유산이다. 젊고 건강한 시절에 낳은 자녀는 전사의 손에 들린 화살과 같다. 오, 화살통에 자녀들이 가득한 부모는 얼마나 복된지! 원수들은 너희 상대가 되지 못하고, 너희에게 초전 박살 나리라."

본문은 집을 짓고 소유물을 지키는 노고와는 달리, 수고랄 것도 없는, 자식을 만드는 일을 찬양하고 있다. 하나님의 섭리를 의심하고 인간의 사랑을 불신하면서, 신앙심 없는 투쟁으로 자신의 이익을 추구하는 사람의 처절한 노력과는 반대되는 것이 자녀라는 선물이다. 이는 인간의 노력이 아니라 하나님이 우리 가운데 창조하시는 기적 같은 번식 과정의 결실이다. 이보다 더 적절한 예도 없으리라. 아들이나 딸을 얻기 위해 우리가 어떤 일을 할 수 있는가? 출산과 번식의 기적은 우리의 참여를 요구한다. 그러나 그것을 우리의 공로라고 부를 수는 없다. 우리 가운데서 성장하여 걷고 말하는 이 놀라운 창조물은 우리가 만들어 낸 것이 아니다. 우리는 다만 하나님의 창조라는 틀 속에서, 우리에게 제공된 사랑의 행위에 참여했을 뿐이다.

예수님은 이 시편의 자녀라는 말을, 친밀하고 인격적인 관계 모두를 대표하는 것으로 이해시키신다. 그분 자신은 자녀를 생산하지 않으셨으나 사랑으로써 우리를 그분의 아들과 딸로 삼으셨다(마 12:46-50). 또한 자신의 일과 관련해서 "내 아버지께서 언제나 일하고 계시니 나도 일하는 것이다"(요 5:17, 공동번역)라고 설명하셨다. 우리는 예수님과 이 시편을 연계시킴으로써, 동산 또는 부동산을 매입하거나 재산을 모으는 것이 아니라 하나님께 응답하고 관계성을 발전시키는 일의 방식을 배울 수 있다. 그리스도인의 일은 사람 중심적이어야 한다. 우리의 순례는 서부 영화에서 짐꾸러미를 가득 싣고 뒤뚱거리는 포장마차를 몰고, 끝도 없이 펼쳐진 대평원을 달리는 것이 아니다. 우리는 가뿐히 여행한다. 우리의 일의 특징은 업적이나 소유가 아닌 관계의 탄생으로 나타난다. "태의 열매는 그분이 후히 내리시는 유산이다." 우리는 힘과 능력을 사람에게 투자한다. 우리 하나님이 우리에게 하신 것처럼 우리 역시 주변 사람들 가운데 딸과 아들, 자매와 형제를 늘려 간다. "젊고 건강한 시절에 낳은 자녀는 전사의 손에 들린 화살과 같다. 오, 화살통에 자녀들이 가득한 부모는 얼마나 복된지!"

그리스도인에게 수중에 돈이 얼마나 있는지는 별문제가 되지 않는다. 우리가 속한 문화가 우리의 일을 얼마나 알아주고 보상해 주는지도 별 상관없다. 그러나 **하나님이…않으면** 이야기가 다르다. 우리는 일로써 생명이나 의를 만들어 내지는 못한다. 이 사회가 보상하고 칭송하는, 혹독하고 강박적인 일 습관("아침 일찍 일어나 밤늦게 잠자리에 들며 노심초사 뼈 빠지게 일[함]")은 시편 저자의 눈에, 약한 믿음이나 독선적인 교만의 표시로 비칠 뿐이다. 하나님이 자신의 뜻을 성취하시지 못할 것처럼 생각하는 약한 믿음이나 우리 자신의 노력으로 우주를 재정비할 수 있기라도 한 것처럼 여기는 교만 말이다.

중요한 것은 우리가 만들어 내고 발전시켜 나가는 인격적인 관계다. 우리는 누군가의 이름을 익히고 우정을 펼쳐 나간다. 끝까지 웃으며 지내는 관계도 있지만 끝내 얼굴을 붉히고 돌아서는 관계도 있다. 자연은 씨앗을 아끼지 않고 사방에 흩뿌린다. 그중 소수만이 싹이 튼다. 무수한 악수와 주고받는 인사 가운데

몇몇은 싹이 터서 그리스도 안에서의 우정으로 성장한다. 그리스도인의 예배는 에너지를 모으고 동기 부여에 집중하는 시간이다. 그 에너지와 동기 부여는 뭔가를 얻기 위해 일을 이용하는 소비자였던 우리를, 타인과의 창조적인 관계를 맺기 위한 존재 방식으로서의 일을 하는 살가운 사람들로 변화시킨다. 그러한 일은 어떤 직업이나 경력, 신앙 고백의 형태 속에서도 가능하다. 세상이 일이라 칭하는 것 가운데 자신에게 할당된 업무를 수행할 때, 우리는 하나님이 사랑과 공의, 도우심과 치유, 해방과 격려의 취지에서 행하시는 바에 주의를 기울이고 그것을 실천하는 법을 배운다.

이 시편을 노래한 최초의 사람들은 예루살렘에 오기 위해 많은 노력을 쏟았다. 천리 길을 오면서 죽을 고비를 넘긴 이들도 있었다. 그래서 순례자들 사이에서 서로 성공적인 여행을 축하해 주고, 성과에 대해 감개무량해하고 체험담을 나누는 열기로 달아올랐을 것이다. 그러면서 누가 가장 멀리서 왔는지, 누가 가장 빨리 왔는지, 가장 많은 이웃을 인솔하고 온 이는 누구인지, 가장 오랜 시간이 걸린 이는 누구인지 서로 견주기도 했을 것이다. 바로 그때, 소란스러운 무리 사이에서 누군가 노래를 부르기 시작했을 것이다. "하나님이 지어 올리시지 않으면…하나님이 성을 지켜 주시지 않으면…." 순례 자체가 핵심이 아니다. 핵심은 하나님이다. 그곳에 오기까지 아무리 고생이 심했고 아무리 영웅적인 행보였다 해도—강도를 물리치고 사자를 때려잡고 늑대를 물리쳤다는 등—그것이 찬양거리는 아니다. 우리의 노력은 주변적인 것이고 중심에서 일한 분은 따로 있다고, 그분은 바로 하나님이라고 시편 127편은 힘주어 말한다.

10장

행복

"복을 한껏 누려라! 행복을 마음껏 즐겨라!"

하나님을 경외하는 모든 이여, 얼마나 복된가!
쭉 뻗은 그분의 대로를 걸으며 얼마나 행복한가!
수고를 다했으니 모든 것은 당연히 네 몫이다.
복을 한껏 누려라! 행복을 마음껏 즐겨라!
포도나무가 포도 열매를 맺듯 네 아내가 자녀를 낳을 것이요,
네 가정은 우거진 포도밭 같을 것이다.
식탁에 둘러앉은 네 자녀들은
올리브나무 가지 새싹처럼 푸르고 싱싱하리라.
두렵고 떨리는 마음으로 선하신 하나님 앞에 서라.
오, 복되도다, 하나님을 경외하는 이여!
예루살렘에서 행복을 누려라, 평생토록,
손자손녀를 보며 행복을 누려라.
이스라엘에게 평화가 있기를!

시편 128편

기쁨, 이교도의 작은 기삿거리였던 그것이
그리스도인의 어마어마한 비밀이 되었네.

G. K. 체스터턴

흔히 그리스도인 되기가 이만저만 어려운 것이 아니라는 통념을 갖고 있다. 대개의 경우 자신을 '그리스도인'으로서 실격자 취급할 정도는 아니지만 스스로를 굳이 **평범한** 그리스도인이라고 고쳐 부른다. 그들은 교회를 중히 여기고 예배에 빠짐없이 참석하면서 반듯하게 살려고 애쓴다. 그러나 동시에 세상의 유혹과 압력에 대해서 비교적 관대하여 뿌리치지 못하고 그것들이 틈입할 여지를 둔다. 반면 **정말 제대로** 신앙의 길을 걷는다는 것은 성경이 말한 모든 것—이를테면, 성자다운 소양과 비범한 정신력, 그들로서는 도저히 감당할 수 없을 것 같은, 한도 끝도 없이 기막힌 고행 등—을 토씨 하나 빠짐없이 **곧이곧대로** 따르는 것이라 믿는다.

그러나 이는 동이 서에서 먼 것만큼이나 사실과 동떨어진 믿음이다. 세상에서 가장 쉬운 것이 그리스도인이 되는 것이다. 가장 어려운 것이 죄인이 되는 것이다. 그리스도인 됨은 우리가 지음받은 목적이다. 그리고 신앙생활은 전 피조계의 지지와 놀라운 구속의 자원들로 영위된다. 이 세상의 구조는 하나님이 우리가 그분의 자녀로서 그 안에서 편안하고 행복하게 살 수 있게끔 고안하셨다. 우리가 활보하고 있는 역사는 하나님이 거듭해 등장하신 무대로, 예수님을 통해 확연히 드러난다. 이는 우선 우리에게 그분의 모습을 보이시기 위함이요 또한 우리로 하여금 믿음이 충만하고 목적의식으로 충만한 삶을 살도록 도우시기 위함이다. 그리스도의 제자가 되는 과정은, 그리스도 없이 가는 길이야말로 고행이고 그리스도와 함께 걷는 길이야말로 안락의 길임을 깨닫는 과정이기도 하다. 고생길에 들어선 쪽은 신자들이 아니라 불신자들인 셈이다.

약속과 선언

복(blessing)이라는 단어는 본문에 나타난 대로 행복한 상태를 말한다. 시편 128편이 이 단어의 진의를 소개한다. 본문은 세 개의 서술적인 약속으로 시작한다. "하나님을 경외하는 모든 이여, 얼마나 복된가!" "수고를 다했으니…복을 한껏 누려라!" "행복을 마음껏 즐겨라!" 그리고 결어 부분은 세 개의 선언문으로 마친다. "오, 복되도다, 하나님을 경외하는 이여!" "예루살렘에서 행복을 누려라, 평생토록." "손자손녀를 보며 행복을 누려라." 이렇듯 약속과 선언 사이에 축복의 삽화가 들어 있다. "포도나무가 포도 열매를 맺듯 네 아내가 자녀를 낳을 것이요, 네 가정은 우거진 포도밭 같을 것이다. 식탁에 둘러앉은 네 자녀들은 올리브나무 가지 새싹처럼 푸르고 싱싱하리라."

이 모든 것은 결국 행복한 삶으로 귀결된다. 한편에는 축복의 약속이, 다른 한편에는 축복의 선언이 가득하여 두 경계 사이에

서 축복을 체험하는 삶 말이다.[1]

성경은 이러한 복의 기나긴 전시장인 셈이다. 창세기의 하나님은 인류를 남자와 여자로 만드시면서 창조 사역을 완성하실 때 그들에게 "복을 주[셨다]"(창 1:28). 아브라함을 부르시고 다음과 같은 약속을 주셨다. "내가 너를 큰 민족이 되게 하고 네게 복을 주겠다. 내가 네 이름을 떨치게 할 것이니 너는 복의 근원이 될 것이다"(창 12:2). 열두 지파는 각기 다른 성격의 생명력 넘치는 특별한 축복을 받는다(창 49장). 너무도 다양한 방식으로 신앙의 강렬함과 기쁨을 구현했던 다윗은 "어떤 이스라엘인보다도 풍성한 복을" 누린 이였다. 축복의 기나긴 여로에는 분명 비애도 없지 않았다. 하지만 언제나 활력이 넘쳤다. 예수님은 산상수훈 서두에서 신앙인의 삶에 나타나는 여덟 가지 주된 특성을 지목하시면서, 해당 속성을 지닌 각 사람을 "복 있는"자로 공표하셨다. 그분은 제자의 길이 곧 기존 지위의 하락이나 궁핍한 삶이나 과거보다 몰락한 삶을 의미하는 것이 아님을 분명히 하셨다. 오히려 그분은 우리의 가능성을 확장시키면서 생기를 불어넣어 넘치는 기쁨을 누리게 하신다. 성경의 결론은 천둥소리 같은 위대한 책 요한계시록으로서, 이는 일곱 교회에 대한 축복의 찬사를 싣고 있다(1:3; 14:13; 16:15; 19:9; 20:6; 22:7, 14). 이 축복들은 그리스도의 완전한 승리가 쟁취되고 그분의 영원한 통치를 공고히 하는 전쟁의 한복판에서 발포된다. "요한계시록 전체는, 하나님의 신비에 관한 복된 계시를 간직하고 지키는 사람들이 받을 축복이라는 구조틀을 지니고 있다"(22:7에서 확증되는 1:3).[2]

복에 관한 이런 이야기를 읽고, 하나님의 축복을 체험하고 있는 이들을 가까이하면서, 복이란 결코 외적이거나 일시적인 것이 아니라는 점을 깨닫게 된다. 뜻밖의 운수대통이나 길일과는 거리가 멀다. 성경이 말하는 복은 다음과 같다.

복이란 영혼의 내적인 힘이다. 행복도 거기서 창출되고…어떤 생명체도 그것 없이는 살 수 없는 생명력도 마찬가지다. 행복은 인간 바깥에 있는 그 무엇이 아니다.…하나님의 역사는 영혼의 외부가 아닌 영혼의 중심부를 겨냥한다. 그런 만큼 우리에게 채워지는 것은 외면적인 것이 아니라 에너지요, 그것을 창조할 수 있는 능력이다.…결국 복이란 가장 깊고도 가장 포괄적인 의미에서 삶을 누릴 수 있는 능력을 말한다.…복은 어떤 생명체도 그것 없이는 살아갈 수 없는 생의 활력을 말한다.[3]

믿음의 길을 걷고 있는 이를 채워 주고, 둘러싸고 있는 것이 바로 이 복이다.

나누는 삶

시편 128편의 중앙에 자리한 설명은 축복이 어떻게 작용하는지를 잘 보여 준다. "포도나무가 포도 열매를 맺듯 네 아내가 자녀를 낳을 것이요, 네 가정은 우거진 포도밭 같을 것이다. 식탁에 둘러앉은 네 자녀들은 올리브나무 가지 새싹처럼 푸르고 싱싱하리라." 열매를 맺은 포도나무와 올리브나무로 표상된 이러한 설명은 지극히 히브리 문화적인 것으로, 행복의 지표는 많은 자녀를 생산하는 아내와 한 상에서 먹고 자란 자녀들이었다. 이는 물론 축복을 체험하기 위해 우리가 정확히 재현할 필요는 없는 하나의 실례에 불과하다(오늘날 우리만 해도 가능한 한 자녀를 많이 두거나, 평생 부모 밑에 머무르게 하려고 하지는 않는다). 그러나 그 의미는 여전히 우리에게 와닿는다. 축복은 고유의 증식력이 있다. 축복의 기능은 생활 속에서 서로 나누고 기쁨을 누리는 데 있다. "인생이란 곧 영혼과 영혼의 부단한 만남이다. 영혼들은 서로가 지닌 것을 공유하게 되어 있다. 복 있는 자는 타인에게 나누어 준다. 왜냐하면 축복의 효력은 본질상 그로부터 흘러나와 주변으로 발산되기 때문이다.…축복의 성격은 배가되고 증식되는 데 있다."[4]

장 칼뱅(John Calvin)은 스위스 제네바의 회중에게 설교를 하면서, 우리는 세상이 지지하는 행복관보다 바람직하고 심화된 관점을 발전시켜야 한다고 역설했다. 세상적 관점의 행복은 "안락함과 명예, 거대한 부의 소유"[5]에 달려 있다. 그러나 우리는 시편 128편에 힘입어 진정한 행복관을 발전시킬 수 있다. 세상이 말하는 행복이란 대개 누군가의 것을 취해서 내 만족을 꾀하는 양상을 띤다. 나의 생활 수준이 향상된 만큼, 악화된 생활 형편을 감수해야 하는 이들이 세상 저편에 생겨난다. 오늘날 우리가 직면하는 기아의 위기는 그러한 방식의 행복 추구에 기인한다. 산업화된 국가들의 호화·사치욕이 증대하고 생활 수준이 상승

하면 상승할수록 기아와 빈곤에 허덕이는 사람들의 숫자는 그만큼 증대한다. 이는 어쩔 수 없는 현상이 아니다. 세계 기아 문제 전문가들은 현재 인류 모두에게 돌아갈 만큼 충분한 식량이 생산되고 있다고 말한다. 결국 생산력의 문제가 아니다. 현대 농업은 충분한 식량 생산력을 보유하고 있다. 식량 분배를 위한 운송 기술도 그만큼 발달했다. 문제는 탐욕에 있다. 곧 내 손에 움켜쥔 것이 충분하지 못하다면 나는 그만큼 불행해질지도 모른다는 생각이다. 기아 문제의 해결은 더 이상 정부나 산업 정책이 아니라, 행복 추구의 다른 방식을 습득한 그리스도인과 교회에 달려 있다.

그리스도인의 복은 "주는 것이 받는 것보다 복됨"을 깨닫는 것이다. 우리가 나눠 주기를 배워 나갈 때, 삶의 활력은 그만큼 커질 것이며 우리 주변의 사람들은 열매를 맺은 포도나무요, 우리 식탁에 둘러앉은 올리브나무가 될 것이다.

그리스도인에게 약속되고 선포되어 체험하게 되는 축복에는 물론 역경이 제외되지 않는다. 성경에 그런 암시는 없다. 그렇다고 믿음에 역경이 필수로 따라붙는 것은 아니다. 역경은 시험과 유혹, 압력의 형태로 외부로부터 찾아든다. 우리 역시, 중세 그리스도인들이 세상과 육체와 마귀로 압축했던 삼중 위협으로부터 자유로울 날은 단 하루도 없다. 역사 속에서 하나님의 임재와 통치를 제거하려 드는 거만한 인류와 교만한 사회, 그것이 세상이다. 육체는 우리의 본능과 기호에까지 스며든 죄로 타락의 온상이 되었다. 마귀는 우리로 하여금 하나님의 뜻을 거스르도록 유혹하고 시험하는 반역자로 존재한다. 이 모든 것과 더불어 싸워야 한다. 우리는 전투 중인 것이다. 치러야 할 믿음의 싸움은 우리 몫이다.

하지만 믿음의 길은 하나님이 이제까지 이루셨고, 또 지금 행하고 계신 일과 겉돌지 않는다. 우리가 걷는 길은 잘 닦인 제자도의 길이다. 지루함이나 절망, 혼돈의 길이 아니다. 비참한 구도의 길이 아니라 축복의 길이다.

길을 따라 여행함

이러한 복의 삶에 진입하는 데는 어떤 술수나 운이 통하지 않는다. 단지 그리스도인이 되어 믿음의 삶을 시작하기만 하면 된다. 우리는 하나님을 우리를 창조하시고 사랑하시는 존재로서 인식하고, 그리스도를 우리로 하여금 하나님과 생생한 관계 속에 있게 하시는 중재자로 인정한다. 우리는 하나님이 우리 존재의 중심에 계신다고 선포된 진리를 진리로 받아들이고, 그분이 이 세상(그분의 창조 세계)을 어떻게 조성하시고 우리의 구속을 어떻게 섭리하셨는지를 터득하고 믿음의 길로 나아간다. 시편 128편은 이를 한마디로 압축한다. "하나님을 경외하는 모든 이여, 얼마나 복된가! 쭉 뻗은 그분의 대로를 걸으며 얼마나 행복한가!"

"하나님을 경외하[라]." **공경**이라는 표현이 더 적절할지도 모르겠다. 성경은 우리가 하나님을 믿는지 안 믿는지에는 관심이 없다. 정도 차이가 있을 뿐 누구나 하나님을 믿는다는 가정을 깔고 있다. 본문의 관심은 하나님을 대하는 우리의 반응에 있다. 하나님을 존엄하시고 거룩하시며 광대하시고 경이로우신 하나님 그대로 받아들이는지, 아니면 우리의 편협한 지성의 규격에 억지로 끼워 맞추려 하면서 우리 편의대로 정한 범위 안에 그분을 한정하기를 고집하는지, 우리 생활 방식에 걸맞은 이미지 외에 다른 면모의 하나님에 대해서는 생각하기조차 거부하는지 말이다. 후자의 경우라면 우리는 창조주 하나님과 십자가의 그리스도가 아닌, 우리의 형상대로 만들어진 구멍가게의 복사품을 영리 차원에서 상대하고 있는 격이다. 전능자 하나님을 이처럼 만만히 대하는 신성 모독적인 불손함을 경계하기 위해 성경은 하나님에 대한 경외심을 강조한다. 이는 우리를 겁주기 위함이 아니라 하나님의 압도적인 위엄 앞에서 경외하는 마음을 갖도록 하기 위함이다. 그리고 우리가 징징거리고 투덜대는 습관을 그치고 안달하는 태도와 조급증을 버림으로써 있는 그대로의 하나님을 정말로 만나고, 자비롭고 삶을 변화시키는 용서의 말씀을 경청할 수 있도록 하기 위함이다.

"쭉 뻗은 그분의 대로를 걸으며 얼마나 행복한가!" 이는 우리가 있는 그대로의 하나님을 받아들일 뿐만 아니라 그분이 우리를 지으신 목적대로 살아야 함을 말한다. 우리는 분명한 노선을 취하고 한 방향을 따른다. 우리에게는 준수해야 할 윤리적 기준과 장려할 만한 도덕적 가치, 실천해야 할 영적 훈련, 추구해야 할 사회적 정의, 발전시켜야 할 인격적 관계들이 있다. 이 중 몰라서 지키지 못할 것들은 아무것도 없다. 오스틴 파러(Austin

Farrer)는 일침 어린 한마디를 남겼다. "우리가 배우는 '바른 생활'치고 장황하거나 신묘막측한 해설이 필요한 경우가 있던가? 도덕이란 것도 따지고 보면 첫째가는 사회적 편의가 아니고 무엇이던가?"⁶

물론 우리가 살고 있는 세상의 모호성과 우리 의지의 박약함 때문에 그중 어느 것도 실수 없이 완벽하게 해내지는 못할 것이다. 그러나 그것은 문제가 되지 않는다. 길은 또렷이 나 있고 그리로 걷기만 하면 된다. 법규를 준수하고 명령에 순종하는 것은 상식에 불과하다. 언제나 원칙을 파기하고 정도를 벗어나 완전한 무로부터 출발해서, 자신의 가치 체계와 진리를 창출하려 드는 이들은 대부분의 시간을 누군가를 붙잡고 곤경에서 건져 달라거나 손해를 복구해 달라고 사정하면서 보낸다. 그러고는 "뭐가 잘못됐지?"라는 우문을 던질 뿐이다. H. H. 파머(Farmer)가 말한 대로, "당신이 우주의 섭리를 거스른다면, 엉겅퀴와 가시덤불밖에 얻을 것이 없다."

시편 128편을 읽으면서, "물론 나 역시 그렇게 생각해. 그렇게 생각하지 않는 이가 어디 있겠어?"라고 하는 사람이 있는가 하면, 이 정도로 어지러운 세상에서 어떻게 그처럼 명랑한 노래를 부를 수 있을까 의아해하는 사람도 있을 것이다. 존 헨리 뉴먼(John Henry Newman)은 그것을 이렇게 설명한 적이 있다. "나는 북쪽으로 여행하고 싶은데 길이 모두 동쪽으로만 나 있다면 물론 나는 그 길을 탓할 것이다. 앞에 놓인 것이라곤 장애물뿐이고 나는 담장을 기어오르고 강을 건넌다. 그리고 길을 돌아가야 하는 경우도 생긴다. 그러다 끝내 목적지에 도달하지 못한다." 이는 행복할 권리를 추구하면서도, 행복에 이르는 잘 닦인 길을 거부하고 인생의 의미를 찾으려 애쓰는 이들의 처세 결과다. 그들은 시온산에 가려고 하지만 도로 표지와 나침반을 무시하고 굳이 통행로를 피해서, 길도 없는 황야를 헤쳐 가려 한다. "그들이 반대와 방해와 실망과 실패를 맛볼 수밖에 없다는 것은 자명하지 않은가?" 가도 가도 끝이 없는 길을 가면서 목적지를 찾지만 결코 발견하지 못한다. "그러고는 종교가 무고한 쾌락과 갈망을 저해할 뿐이라고 비난한다." 그러나 종교는, 창조의 섭리에 역행하고 구속으로 인도하는 길과 배치된 목적에 사로잡힌 이들에게 오로지 폐해일 뿐이다.[7]

누구나 행복해지고 복 받기를 원한다. 반면 그리스도인의 길은 그들 자신의 길보다 원하는 것을 얻기에 불리하다고 섣불리 속단하면서, 진정 우리의 행복을 주관하시는 이에게 주의를 기울이기를 애써 거부하는 이들 또한 너무 많다. 그러나 그들은 잘못 생각하고 있다. 하나님의 길과 그분의 임재가 있는 곳이야말로 우리가 두고 두고 행복을 누릴 수 있는 곳이다. 방법은 간단하다. "하나님을 경외하는 모든 이여, 얼마나 복된가! 쭉 뺀은 그분의 대로를 걸으며 얼마나 행복한가!"

11장
인내

"저들은 어렸을 적부터 날 괴롭혀 왔지만,
결코 날 쓰러뜨리지는 못했지"

"저들은 어렸을 적부터 날 괴롭혀 왔지."
이스라엘의 말이다.
"저들은 어렸을 적부터 날 괴롭혀 왔지만,
결코 날 쓰러뜨리지는 못했지.
저들의 농부들이 내 등을 쟁기질해
긴 고랑을 파 놓았지만,
하나님께서 좌시하지 않으셨고
우리 편이 되어 주셨지.
하나님께서 저 악한 농부들의 쟁기를
산산조각 내 버리셨지."
오, 시온을 미워하는 자들이 모두
바닥에 고꾸라져 설설 기게 되기를.
얄팍한 땅 위에 돋은 풀처럼
추수 전에 시들어 버리기를.
일꾼들이 수확하기 전에,
추수하는 이들이 거두어들이기 전에.
이웃들이 "엄청난 수확이군, 축하하네!
하나님의 이름으로 축복하네!" 하며
떠들 일 없게.
시편 129편

인내는 저력을 우려내는 것이다.
겉보기엔 그저 엉덩이가 무거운 것처럼 보일지 몰라도
실은 대단히 적극적인 힘의 발휘가 인내다.
그렇듯 눈에 보이지 않는 힘을 발휘하지 않고서 무슨 수로
맹렬하게 덤벼드는 세력에 저항할 수 있겠는가?
그리고 인내는 강장제와도 같이
곁에 있는 사람들을 고무시키는 영향력을 발한다.
왜냐하면 인내하는 사람의 존재는 배가 쉽게 기우뚱거리지 않도록
균형을 잡아 주는 회전의(回轉儀)와도 같아서,
곁에 있는 사람을 소생시키고 건재하게 하기 때문이다.
그러나 인내하는 사람 자신은 그것을 즐기지는 않는다.

폴 굿맨

진득하다 또는 **끈덕짐**(stick-to-itiveness)이라는 말은 어감상 썩 고상한 표현은 아니다. 하지만 나는 그 말에 특별한 호감을 갖고 있다. 어릴 적에 그 말을 수도 없이 들었는데, 주로 어머니에게서 들은 것으로 기억된다. 그때 나는 금방 끓었다 금방 식는 냄비 같았다. 모형 비행기 만들기를 굉장히 좋아했지만 어느 날 신기하게도 모든 열정이 식어 버리고 지하실에는 만들다 만 모형들만 나뒹굴었다. 그러다 우표 수집에 푹 빠졌다. 커다란 우표첩을 크리스마스 선물로 받고, 우표 수집 동호회에도 가입했다. 모아들인 우표가 산더미처럼 쌓였다. 그러던 어느 날 이상하게도 흥미가 싹 가셨다. 얼마 안 가 우표첩에는 먼지만 쌓여 가고 우표를 우표첩에 끼우는 것조차 귀찮아졌다. 그다음은 말이었다. 토요일 아침이면 으레 제일 친한 친구와 둘이서 자전거를 타고, 시내에서 몇 킬로미터 떨어진 관광 목장까지 달려가곤 했다. 그러고는 말을 빌려 타고 마치 서부 영화 주인공인 메리위더 루이스나 윌리엄 클라크, 그도 아니면 진 오트리나 론 레인저쯤 되는 양 몬태나 언덕까지 휘달리곤 했다. 그것도 잠시, 말에 대한 관심은 온데간데없이 사라지고 그 자리를 대신한 것은 여자애들이었다.

그렇듯 변덕스런 열정을 이리저리 옮기는 동안 질책과 함께 이런 말을 들었다. "유진, 넌 진득한 데라곤 없구나. 뭐든 끝까지 하는 법이 없어!" 세월이 흐르면서 진득함보다 좀 더 근사한 말이 교회 안에 있음을 알게 되었다. 그것은 **인내**라는 말이었다. 아울러 그것이 그리스도의 제자의 표지 가운데 하나임도 알게 되었고, 그러한 모범을 보이는 이들을 우러러보게 되었다. 그러면서 감화받은 성경 본문이 시편 129편이었다.

굳센 믿음

"'저들은 어렸을 적부터 날 괴롭혀 왔지.' 이스라엘의 말이다. '저들은 어렸을 적부터 날 괴롭혀 왔지만, 결코 날 쓰러뜨리지는 못했지.'" 하나님의 백성은 강인하다. 장구한 세월에 걸쳐 세상에 속한 사람들은 신앙의 길을 훼방했지만 아직까지 성공하지는 못했다. 온갖 수를 다 썼음에도 어느 하나 성과가 없었다. 박해와 조롱, 고문과 포로 삼기 등을 시도했지만 믿음의 길은 강건하고 늠름하게 뻗어 나갔다. "저들은 어렸을 적부터 날 괴롭혀 왔지만, 결코 날 쓰러뜨리지는 못했지."

당신은 그리스도인의 신앙이 양호한 기후 조건에서만 푸르를 수 있는 유약한 삶의 유형이라고 생각하는가, 아니면 폭풍과 가뭄을 견디어 내고 무자비한 압제의 발굽과 야만적인 습격 아래서도 살아남을 수 있는, 강인하고 영원한 생명체라고 생각하는가? 여기 한 성경 저자의 견해가 있다. "하나님 앞에서 자라난 그 종, 바싹 마른 땅에 심긴 앙상한 묘목, 왜소한 초목 같았다.… 멸시받고 무시당하며, 고난을 아는 사람, 고통을 몸소 겪은 사람이었다. 그를 보면 사람들은 고개를 돌렸다"(사 53:2-3). 이는 극심한 거부와 모진 박해에 익숙한 자의 초상이다. 그렇듯 볼품없고 미약한 시작에서 무엇을 기대할 수 있겠는가? 별 볼 일 없어 보인다. 그러나 결과를 보라. "거기서 나오는 생명, 그 끝없는 생명을 누리게 하시려는…하나님의 계획은 그를 통해 온전하게 이루어지리라. 그 극심한 영혼의 산고 끝에, 그는 자신이 해낸 값진 일을 보며 기뻐하게 되리라. 나의 이 의로운 종이 겪은 일을 통해 의로운 이들이 많이 생겨나게 되리라. 그가 그들의 죄 짐을 대신 짊어지기 때문이다"(사 53:10-11). 믿음의 사람의 날은 모든 압제자의 날보다 길 것이다. 믿음은 오래간다.

예수님의 경우도 그러했음을 상기할 수 있다. 예수님의 공생애는 40일간의 광야 시험으로 시작해서, 겟세마네와 예루살렘에서의 결코 잊을 수 없는 시험과 수난의 밤으로 끝났다. 그렇듯 안팎으로 가차 없고 무자비한 폭력을 경험한 자가 어디 또 있을까? 처음에는 공생애의 궤도에서 이탈하게 하기 위한 교묘한 시도가 있었다. 출세의 암시로 가장된 유혹, 또는 순진하고 순수하게 사역을 시작하신 예수님을 돕겠다는 선한 의도를 이용한 시험들도 있었다. 그러다 끝내 모든 시험이 수포로 돌아가자 그분의 육신은 형장으로 끌려갔고 잔인무도한 형이 가해졌다. 그러나 우리가 알고 있는 진짜 결말은 이렇다. 상상을 초월한 온유("아버지, 이 사람들을 용서해 주십시오")와 비길 데 없는 평정("아버지, 내 생명을 아버지 손에 맡깁니다") 그리고 부활이다.

바울도 있다. 그의 생애는 인정사정 볼 것 없이 역경에서 핍박으로, 다시금 핍박에서 역경으로 몰리곤 했다. 다음은 그의 회고의 글이다.

매도 셀 수 없을 만큼 많이 맞았고, 죽음의 고비도 여러 차례 넘겼습니다. 유대인들에게 매 서른아홉 대를 맞은 것이 다섯 차례, 로마 사람들에게 매질을 당한 것이 세 차례, 돌로 맞은 것이 한 차례입니다. 세 차례나 배가 난파되었고, 망망한 바다에 빠져 꼬박 하루를 보내기도 했습니다. 해마다 고된 여행을 하면서 여러 개의 강을 건너고, 강도들을 피해 다니고, 벗들과도 다투고, 적들과도 싸워야 했습니다. 도시에서도 위험에 처하고, 시골에서도 위험에 처했으며, 태양이 작열하는 사막의 위험과 폭풍이 이는 바다의 위험도 겪었고, 형제로 여겼던 사람들에게 배신도 당했습니다. 단조롭고 고된 일과 중노동을 겪고, 길고 외로운 밤을 여러 차례 지새우고, 식사도 자주 거르고, 추위에 상하고, 헐벗은 채 비바람을 맞기도 했습니다. 하지만 이 모든 것과 비교조차 할 수 없는 것은 모든 교회로 인해 겪는 곤경과 걱정입니다. 누군가 더 이상 물러설 수 없는 형편에 처하면, 나는 뼛속 깊이 절망을 느낍니다. 누가 속아 넘어가 죄를 지으면, 내 속에서 화가 불같이 타오릅니다.

(고후 11:23-29)

그중 어느 것도 그의 길을 막을 힘이 없었다. 잘못 들어선 길이라는 확신을 주지 못했다. 그 무엇도 옛날 다마스쿠스 도상에서의 선택이 틀렸다고 그를 설득하지 못했다. 그는 말년에 이런 문장을 남겼다. "나는 결코 나 자신을 이 모든 일의 전문가라고 생각지 않습니다. 나는 하나님께서 우리를 손짓하여 부르시는 그 목표, 곧 예수만을 바라볼 뿐입니다. 나는 달려갈 뿐, 되돌아가지 않겠습니다. 그러므로 하나님께서 우리를 위해 마련하신 것을 모두 얻으려는 사람들은, 그 목표에 초점을 맞추어야 합니다"(빌 3:13-14).

진득함, 인내, 불굴…. 믿음의 길은 한 세기를 풍미하다 다음 세기에는 증발되고 마는 일시적 유행이 아니다. 그것은 역동하는 길이요, 철저히 검증된 길이다.

끊어진 줄, 마른 풀

시편 129편에는 통쾌하고도 실감 나는 상세한 묘사로 흥미를 유발하는 구절이 있다. "하나님께서 저 악한 농부들의 쟁기를 산산조각 내 버리셨지." 이 문장의 정황은 바로 앞 구절에 있다. "저들의 농부들이 내 등을 쟁기질해 긴 고랑을 파 놓았[다]." 팔다리를 뻗고 엎드려 있는 믿음의 사람, 이스라엘의 모습을 그려 보라. 적들은 소를 몰고 이스라엘의 등에 긴 고랑을 파고 있다. 그들은 밭 가는 농부처럼 왔다갔다 하며 이스라엘의 살갗과 몸뚱아리에 고의적으로 골 깊은 상처를 내고 있다. 인정사정없는 만행, 피범벅이 된 고통의 현장을 상상해 보라.

그런데 갑자기 더 이상 상처를 입지 않는 상황이 벌어졌다. 소는 여전히 앞뒤로 오가고, 소를 모는 주인의 외침 또한 여전하지만 웬일인지 쟁기가 말을 듣지 않는다. "하나님께서 저 악한 농부들의 쟁기를 산산조각 내 버리셨지." 소에 연결된 쟁기의 줄이 끊긴 것이다. 학대의 쟁기가 끌리지 않았지만 소를 모는 주인은 알아차리지도 못했다! 그들은 그들의 적대가 소용없다는 것을 깨닫지 못한 채 계속 오락가락한다. 그들은 시간과 정력을 낭비하고 있다. 이제 소를 몰던 그 악인들은, 이스라엘의 등판에 새겨질 그들의 역사적인 발자취를 떠올리며 자만심에 도취되어 뻐기며, 자못 진지하고 능숙하게 감격스런 과업을 수행 중인 희극 배우에 지나지 않는다. 만약 그들이 뒤를 돌아본다면(그들은 결코 돌아보지 않을 것이다. 그들의 뻣뻣한 목은 결코 그러한 운동을 용납하지 않기에) 자신들의 허세와 불손한 언동이 허사임을 비로소 볼 수 있을 테지만 말이다. "하나님께서 저 악한 농부들의 쟁기를 산산조각 내 버리셨지."

본문의 마지막 그림 역시 비슷한 진리를 설파한다. 믿음의 사람들을 향한 적대는 "추수 전에 시들어 버리[는]" 풀의 운명과도 같다. 팔레스타인은 온통 바위투성이다. 따라서 암반층 위에 얇은 토양층이 살짝 덮여 있는 경우가 많다. 그러한 얄팍한 땅에서도 씨앗이 발아하고 풀이 자라지만 오래가지 못한다. 얕은 토양층이 그것을 지탱해 내지를 못한다. 정오쯤 되면 풀은 시들고 만다. 수확이 있을 리 없고 추수하느라 분주한 사람도 없다. 누구 하나 지나가다 "어이, 대풍이구먼. 하나님이 복을 주셨어!"라고 외칠 리 없다. 이러한 예는 믿음의 사람을 웃음 짓게 하기 위해 고안된, 일종의 풍자 만화인 셈이다.

하나님을 대적하거나 하나님께 무관심한 세속적 삶은 황폐하고 공허할 수밖에 없다. 그것은 오래전에 쟁기가 떨어져 나간 줄도 모른 채, 자신이 하나님의 백성을 짓밟고 하나님의 계획을 깡그리 무산시키리라 여기면서 쟁기질에 여념 없는 것과도 같다. 바위 턱에 겨우 얹힌 얄팍한 땅에서 추수할 곡식을 기다리는 순진함이라고나 할까? 세상의 길은, 한 줌 흙만 있으면 신기하게도 저 혼자 솟아났다 쉽사리 시들어 버리는 풀포기와도 같이, 단명할 열광으로 점철되어 있을 뿐이다. 세상의 길은 교만과 하나님을 도외시한 목적들로 주목받지만, 영원과는 동떨어진 가치 없고 헛된 노정일 뿐이다.

인내의 열정

시편 129편에는 근사하게 보이려면 지워 버리고 싶지만 정직하게 다루어야만 하는 구절이 있다. "오, 시온을 미워하는 자들이 모두 바닥에 고꾸라져 설설 기게 되기를." 분노는 상처 가운데 끓어올라 고동친다. 부당하다는 느낌은 곪을 대로 곪았다. 축적된 원한은 설욕을 고대한다.

믿음의 사람들이 이러한 감정과 생각을 가지는 것이 얼마나 부적절하다고 생각하든 간에, 그러한 것들이 존재하는 것만큼은 인정해야 한다. 우리가 가는 길을 험하고 힘들게 만드는 이들 때문에 불 같은 분노가 치미는 경험이 누군들 없겠는가? 그리스도의 제자로 살아가는 기나긴 순종의 과정에서 지치고 피곤하다 보면 쉽게 화를 내게 되는 경우가 있다. 그러한 때 맹세를 저버리고 책임감 따위는 회피하면서, 단지 감흥과 열광을 따라 이리저리 옮겨 다니는 이들을 보면 부아가 치밀고 때론 시기심도 발동한다. 각도를 달리해, 그들의 간음은 권태를 시인하는 것이요, 그들의 방종은 결국은 더 지독한 불안과 더 황량한 고독으로 치닫고 말 가장 천박한 기분풀이일 뿐임을 동정 어린 시선으로 봐준다고 해도 마찬가지다. 우리가 미래를 보장받은 가치 있는 일을 하고 있다 해도, 그러한 이들의 어리석은 행위와 적대로 인해 우리의 고된 하루는 더 고달파지고 분노의 감정은 타오른다.

이렇듯 시편 129편 저자가 화를 내는 것에 대해, 그가 아직은 그리스도인이 아니었다는 이유로 두둔할 수 없다. 그에게는 레위기가 있었기 때문이다. "마음속에서 네 이웃을 미워하지 마라. 그에게 잘못이 있으면, 그것을 밝히 드러내라. 그러지 않으면, 너도 그 잘못의 공범자가 된다. 네 동족에게 복수할 기회를 노리거나 원한을 품지 마라. 네 이웃을 네 자신처럼 사랑하여라"(레 19:17-18). 그는 또 출애굽기도 알고 있었다. "너희 원수의 소나 나귀가 돌아다니는 것을 보거든, 그 주인에게 데려다주어라. 너희를 미워하는 자의 나귀가 짐에 눌려 힘없이 쓰러져 있는 것을 보거든, 그냥 지나치지 말고 가서 일으켜 주어라"(출 23:4-5). 그는 잠언 또한 알고 있었다. "네 원수가 넘어질 때 웃지 말고 그가 쓰러질 때 기뻐하지 마라"(잠 24:17). 예수님은 "너희 원수를 사랑하여라"고 하셨을 때 이 시편 저자가 이미 알고 있는 것에 따로 추가하실 필요가 없었다.

따라서 시편 129편 저자의 복수심을 두둔할 필요는 없다. 다만 그 감정의 에너지를 높이 사려 한다. 냉담하고 나태한 중립성이야말로 인내를 소멸시키고, 혈관 속의 바이러스처럼 작용하여 제자도의 근력을 약화시키기 때문이다. 위선의 핑계나 찾고 넘치는 악을 합리화하고 죄에 대한 거부감을 상실하고 믿음과 부인, 자비심과 이기심의 구분도 모호하게 만드는 이들, **그들이야말로** 경계할 대상이다. 만일 믿음의 길과 세상의 길이 별반 다르지 않다면 굳이 믿음의 길을 고수하기 위해 노력할 필요는 없을 것이다.

우리는 편의주의의 조류에 휩쓸린다. 유행을 따라 부유(浮游)한다. 아무래도 우리가 드러내 놓고 화를 내게 되는 것은 그만큼 우리에게 관심 있는 대상들과 관련이 있다. 자기 아이가 차도로 뛰어들어 차에 치일 뻔한 것을 본 부모는 아이와 운전자 모두에게 고함치며 성을 낸다. 분노가 가장 적절한 관심의 표현은 아닐 수 있지만 관심의 증거이기는 하다. 무관심하면 그만큼 냉정할 수 있다.

여기서도 그렇다. 본 시편들은 완벽한 순례자들의 노래는 아니다. 옛 순례자들도 우리처럼 실수를 저질렀다. **인내**란 '완전함'을 의미하는 것은 아니다. 오히려 꾸준함을 의미한다. 우리가 아직 미숙하고 우리 앞에는 여전히 긴 여정이 남았음을 느낄 때도 중단하지 않는 것이다. 우리는 툭하면 아내나 남편, 친구, 상사나 부하 직원, 자녀에게 고함치며 성을 내곤 한다. 그렇게 빽빽 소리지른다는 것은 우리가 그 대상에게 관심이 있다는 소리다(물론 전부 그렇지는 않다). 우리는 하나님에게 관심을 가진다. 하나님 나라의 법칙에 관심을 가진다. 윤리와 정의, 공의에도 관심이 있다. 믿음의 길은 우리 삶의 중심부를 차지하며 우리 삶의 초미의 관심사다. 따라서 누군가 그 길을 어렵게 만들고 아무 죄 없이 가는 길에 장애물을 던져 놓아 아직 믿음이 어리고 순종에 서툰 이들을 괴롭힐 때, 분노가 인다. "오, 시온을 미워하는 자들이 모두 바닥에 고꾸라져 설설 기게 되기를."

인내는 그들이 가는 길에서 만나는 모든 상황을 무조건 견뎌내면서 세월이 흘러도 판에 박힌 듯 같은 상태로 머물러 있거나, 스스로를 사람들이 신발에 묻은 흙먼지나 털고 가는 발깔개로 취급하는 체념의 상태가 아니다. 필사적으로 버티는 것이 아니라 능력에서 능력으로 나아가는 것이다. 이사야에게서 지친 기색이나 무료함을 발견할 수 없고 예수님에게서, 바울에게서 무미건조한 기색을 찾아볼 수 없다. 인내는 의기양양하고 생동적인 것이다.

이 시편 저자는, 그의 복수심에 찬 심령을 어루만지며 악한 자들을 대할 때 저주를 퍼붓는 것보다 더 나은 길이 있음을 가르쳐 주었던 선지자들과 제사장들 가운데서 살면서, 찰스 윌리엄스(Charles Williams)가 "인내의 열정"이라 이름한 것을 배웠다. 우리도 비슷한 도제 수업을 받고 있다. 그러나 그것은 격노의 감정을 삼키거나 모든 악을 노이로제쯤으로 생각해서 눈감아 주는 식의 과정은 아니다. 그보다 우리는 분노를 하나님께 바치는 법을 배운다. 하나님은 우리를 창조적인 사랑 가운데 훈련시키신다.

우리 편이 되어 주신 하나님

시편 129편의 중심 문장은 4절이다. "하나님께서 좌시하지 않으셨고 우리 편이 되어 주셨지." 성경이 하나님은 우리 편이시라고 할 때 강조점은, 신뢰할 수 있는 인격적인 관계성, 즉 그분이 언제나 우리를 위해 거기 계신다는 사실에 있다. 이 구절은 하나님을 추상적 관념으로서의 의에 대응시키고 있는 것이 아니다. 그보다는 창조주와 피조물 사이의 올바른 인격적 관계를 말한다. 이 본문의 히브리어는 흔히 "의로우사"로 번역된다. "여기서 의롭다는 단어는 순전히 관계성을 지시하는 것으로…두 당사자 간의 실제적인 관계를 언급하는 의미에서 그런 것이지, 어떤 개념과 대상의 관계를 일컫는 것은 아니다."[1]

"그분은 우리 편이 되어 주신다"는 것은 그리스도인이 참담함과 느닷없는 불행, 예기치 못한 실패, 수난, 좌절, 침체가 교차된 긴 생을 추억할 수 있는 이유가 된다. 그 모든 것을 돌아보며 그 길을 축복의 노정으로 여기고, 우리가 느낀 대로 노래를 부르는 것이다. "저들은 어렸을 적부터 날 괴롭혀 왔지만, 결코 날 쓰러뜨리지는 못했지." 하나님은 자신이 맺은 관계에 전념하신다. 하나님은 우리와 인격적인 관계를 맺은 후 그 관계를 지탱하신다. 그리스도인을 그리스도인 되게 하는 중심 실재는, 하나님이 우리에게 맺어 주신 그분의 인격적이고 변함없으며 끈질긴 헌신 서약이다. 성도의 견인(堅忍)은 **우리가 내린** 결단의 결과가 아니라 하나님의 신실하심의 결과다. 우리가 믿음의 길에서 생존할 수 있는 것은, 우리가 비범한 지구력의 소유자여서가 아니라 하나님이 의로우사 우리 편이신 까닭이다. 그리스도인의 제자도는 하나님의 의로우심에 더욱더 집중하는 대신 우리 자신의 의에는 그만큼 덜 집착하게 되는 과정이다. 우리 자신의 기분이나 동기, 도덕을 깊이 연구하는 대신 하나님의 뜻과 목적을 믿음으로써 삶의 의미를 발견하는 것이며, 자기 열정의 상승과 하락의 도표가 아닌 하나님의 신실하심의 지도를 그리는 것이다. 우리가 성도의 견인을 이룰 수 있는 것은 바로 그러한 실재에 기인한다.

    이는 신약 서신서 기자가 히브리 그리스도인들에게 보낸 편지의 내용이기도 하다. 그는 믿음으로 사는 백성들, 즉 그들이 인내를 이룰 수 있도록 시종일관 그들과 밀착해 있었던 의로우신 하나님을, 삶의 중심으로 삼은 백성들의 연도(連禱, litany: 선창자가 외우는 기도에 따라 회중이 제창하는 형식의 기도문―역주)를 읊었다. 그들은 진기하도록 한결같은 목적의식과, 경탄할 만큼 지극한 성실함으로 삶을 꾸려 갔다. 그들 중 누구도 죄 없이 살지는 못했다. 그들은 모두 저마다의 실수를 범했고 불순종과 반항의 에피소드를 갖고 있다. 그러나 하나님은 그들이 하나님께 붙어 떨어지지 않을 수 있는 법을 배울 수 있도록 변함없이 확실하게 그들에게 밀착해 계셨다. 그러한 연도 속에 다음과 같은 부르심이 나온다.

길을 개척한 이 모든 사람들, 이 모든 노련한 믿음의 대가들이 우리를 응원하고 있다는 말이 무슨 뜻인지 알겠습니까? 그들이 열어 놓은 길을 따라 우리가 앞으로 나아가야 한다는 뜻입니다. 달려가십시오. 절대로 멈추지 마십시오! 영적으로 군살이 붙어도 안 되고, 몸에 기생하는 죄가 있어서도 안 됩니다. 오직 예수만 바라보십시오. 그분은 우리가 참여한 이 경주를 시작하고 완주하신 분이십니다. 그분이 어떻게 하셨는지 배우십시오. 그분은 앞에 있는 것, 곧 하나님 안에서 그리고 하나님과 함께 결승점을 지나는 기쁨에서 눈을 떼지 않으셨기에, 달려가는 길에서 무엇을 만나든, 심지어 십자가와 수치까지도 참으실 수 있었습니다. 이제 그분은 하나님의 오른편 영광의 자리에 앉아 계십니다. (히 12:1-2)

히브리서의 수신자였던 초대 그리스도인 중에도 분명, 사는 게 너무 힘들다고 불평하는 이들이 있었다. 그들은 더 이상 버텨 낼 힘이 없었다(모든 회중이 때때로 이렇게 불평한다). 그들로서는 그들이 원하는 것은 주지 않는 하나님을 섬기고, 갓난아이들이 죽거나 선량한 사람들이 고난당하도록 내버려두는 하나님을 신뢰하면서, 결코 본 적이 없는 하나님을 믿고 산다는 것이 아무 소용없게 느껴졌다. 본문에 실린 목회자의 설교는 그들의 현실을 위한 진지한 질책이었다. "여러분의 믿음이 시들해지거든, 그분 이야기를 하나하나 되새기고, 그분이 참아 내신 적대 행위의 긴 목록을 살펴보십시오"(히 12:3). 불평을 멈추라. 순례의 노정을 바라보며 우리가 어디로부터 왔고 어디를 향해 가고 있는지 살펴보라. 그리고 저 위대한 찬양 후렴을 따라해 보라. "'저들은 어렸을 적부터 날 괴롭혀 왔지.' 이스라엘의 말이다. '저들은 어렸을 적부터 날 괴롭혀 왔지만, 결코 날 쓰러뜨리지는 못했지.'"

목적의식은 오래간다

나의 어린 시절이 홍밋거리를 찾아 여기저기 기웃거린 기억으로 점철될 수밖에 없었던 것은, 그때까지 내 삶의 체계를 잡아 줄 중심과 나의 전부와 최선을 요구하는 목적을 발견하지 못한 까닭도 있었다. 그리스도인의 신앙은 우리 곁을 떠나지 않고 머물러 계신 하나님, 곧 의로우신 하나님 안에서 삶의 중심을 발견하는 것이다. 그리스도인의 제자도는 꾸준하고 단호하게 하나님의 길을 따라 걷기로 결단하는 것이다. 나아가 그 길이 우리의 모든 관심과 열정, 은사, 인간적인 필요, 영원한 열망을 한데 통합시키는 길임을 깨닫는 것이다. 우리는 바로 그러한 삶의 길을 따라 살도록 창조되었다. 거기에는 우리로 하여금 계속해서 아슬아슬한 신앙의 성장 도상을 걷게 하는 끊임없는 도전이 있다. 그리고 우리가 인내할 수 있도록 우리 곁을 떠나지 않고 계신 하나님이 언제나 거기 계시다.

찰스 윌리엄스의 짤막하고 재미있는 희곡 『그랩과 그레이스』(Grab and Grace)에는 색다른 체험을 위해 "이번 주는 요가, 다음 주는 불교, 그다음 주는 심령술" 등 각종 종교를 섭렵하는 남자와의 대화가 나온다. 그레이스가 성령을 언급하자 그랩은 이렇게 말한다. "성령님? 거 좋지! 기분 내키면 한번 오시라고 그러리다. 그런데 그 기분이란 것이 말이지, 어찌나 빨리 변하는지 이내 시들해지고 말거든?"

그러자 그레이스는 이렇게 대답한다. "선생님, 목적의식은 오래갑니다."

12장

소망

"내가 하나님께 기도드리며
그분의 말씀과 그분이 행하실 일을 기다린다네"

하나님, 도와주소서. 이 몸, 바닥 모를 수렁에
빠져들고 있습니다!
주님, 도움을 구하며 부르짖으니 들어주소서!
귀를 기울이소서! 귀를 열어 들어주소서!
자비를 구하며 부르짖사오니 들어주소서.
하나님, 사람의 과오를 주께서 일일이 책망하시면
살아남을 자 누구이겠습니까?
그러나 주님은 용서가 몸에 밴 분이시니,
주께서 경배받으시는 까닭입니다.
기도로 살아온 인생, 내가 하나님께 기도드리며
그분의 말씀과 그분이 행하실 일을 기다린다네.
나의 주 하나님께만 의지한 이 몸,
아침이 올 때까지 기다리고, 앙망하네.
아침이 올 때까지 기다리고, 앙망하네.
오 이스라엘아, 하나님을 기다리고 앙망하여라.
하나님이 오시면, 사랑이 오고,
하나님이 오시면, 풍성한 구원이 임한다.
참으로 그렇다. 그분께서 이스라엘을 구속하실 것이요,
죄에 팔려 포로 되었던 이스라엘을 다시 찾으시리라.

시편 130편

희망은 상상력을 투사한 것이다.
마찬가지로 절망도 상상력을 투사한 것이다.
절망은 자신이 예견하는 불행을 너무도 순순히 받아들인다.
그러나 희망은 기백이다.
따라서 불행에 맞설 모든 가능성을 찾아 나설 의지를 일깨운다.…
상상력은 희망에 반응하여 모든 가능한 결과를 그려 보면서
모든 문을 두들겨 보고, 가장 이질적인 퍼즐 조각이라도
하나로 맞추기 위해 기를 모은다.
일단 해결책을 발견하고 나면
그때까지 취했던 조치를 기억해 내기가 어렵다.
왜냐하면 우리가 그때그때 취하는 조치는
의식 수준 아래 자리하는 것이 보통이기 때문이다.

손튼 와일더

인간이 된다는 것은 고통을 겪는다는 것이다. "인간이 불행을 타고 태어나는 것은 불티가 위로 치솟는 것처럼 자명한 일이네"라는 욥의 탄식은 곧 우리의 비문이기도 하다. 고뇌는 인간의 전 유물이다. 동물도 상처를 입을 수 있으나 고뇌하지는 않는다. 지구도 황폐화될 수 있으나 고뇌하지는 않는다. 피조물 중에 남자와 여자, 즉 인간만이 고뇌한다. 왜냐하면 고뇌는 **보태어진** 아픔이기에 그렇다. 육체적·정서적 아픔 외에, 하나님의 백성으로서의 우리 자신의 가치가 위태롭고, 하나님의 형상을 따라 지음받은 피조물로서의 가치가 의심스러우며, 영원한 영혼으로서의 자신의 운명이 심판을 앞두고 있다는 자각이 **보태어진** 것이다. 결국 우리는 아무것도 아니란 말인가? 버림받을 운명인가? 육신이 쇠약해지고 정서적 기능 장애가 오고 지력이 혼미해지거나 가족이 우리의 허물을 들추고 사회가 우리를 외면할 때, 결국 우리는 우주에서 추방되어 인간 폐기물이 될 운명이란 말인가? 이 중 한 경우에만 해당되어도, 아니면 대개의 경우 그런 현상들이 한꺼번에 찾아올 때, 우리는 시편 130편이 묘사한 나락, 곧 "바닥 모를 수렁에"(the bottom) 떨어지게 된다.

그리스도인은 고통을 직시하고 이겨 내기로 마음먹는 사람이다. 만일 그렇게 마음먹지 않는다면 우리는 가는 데마다 넘어질 것이다. 고통을 인정하고 그것을 다루는 데 실패하는 신앙인은 결국 냉소주의자나 우울증 환자, 자살 충동자가 될 것이다. 시편 130편은 고통과 격렬하게 씨름하면서 그것을 헤쳐 나가는 길을 노래한 자의 고백이다. 따라서 예수 그리스도를 통해 하나님께로 이르는 믿음의 길을 여행하기로 헌신한 이들에게 유용한 체험을 제공해 준다.

고통에 존엄성을 부여하기

본문은 절규로 시작된다. "하나님, 도와주소서. 이 몸, 바닥 모를 수렁에 빠져들고 있습니다! 주님, 도움을 구하며 부르짖으니 들어주소서! 귀를 기울이소서! 귀를 열어 들어주소서! 자비를 구하며 부르짖사오니 들어주소서." 시편 130편은 고뇌에 찬 기도시다.

 절규에 찬 고뇌를 풀어헤쳐 놓고 그것을 기도로 발설함으로써 이 시편은 우리의 고통에 존엄성을 부여한다. 제대로 된 신앙인이라면 그러한 종류의 일은 결코 겪지 말아야 하므로 고통을 꽁꽁 숨겨 두거나 벽장 속에 넣고 문을 잠가야 할(결국 남모를 비밀이 될) 귀찮은 애물단지로 여기지 않는다. 그렇다고 고통을 해명이 필요한 수수께끼로 여겨서 신학자나 철학자에게 답을 찾아 달라고 떠넘기지도 않는다. 이 시편은 솔직하고 열정적으로 고통을 하나님 앞에 풀어놓는다. 고통을 인정하고 표출한다. 고통을 묘사하고 삶으로 살아 낸다.

시편 130편이 단지 그렇게 하는 데 그쳤다 해도, 그것만으로도 표창감이라 할 수 있다. 우리 문화권에서 우리가 고난당할 때 경의를 표할 사람이 과연 몇이나 되겠는가? 우리는 누구나 영원토록 건강하고 끊임없이 행복하기만을 꿈꾸는 세대에 살고 있다. 정상으로 공인된 기준에 미달되면 우리는 당장 문제적 인간으로 낙인찍혀, 좋은 의도로 다양한 치료책을 시험해 보려고 덤벼드는 무리에 둘러싸일 것이다. 아니면 불가해한 인물로 분류되어 끊임없는 논란의 대상이 될 것이다. 그리고 건강과 행복의 결핍 요인을 밝혀 줄 단서를 찾는 데 혈안이 된 연구자들이 우리의 생활 방식을 조사할 것이다. 이반 일리치(Ivan Illich)는 한 인터뷰에서 이렇게 말한 바 있다. "알다시피 고난과 고통을 거부하는 미국적 신화가 존재한다. 그것은 마치 사람들이 절대 고난당해서는 **안 되는** 것처럼 작용함으로써 고통의 **체험**을 평가절하해 버린다. 그러나 이 신화는 우리와 실재의 만남을 저해하고 있다."[1]

복음은 고난에 대해 다른 견해를 제시한다. 우리는 고난을 통해 심연, 곧 시편 130:1의 **바닥 모를 수렁**으로 들어가게 된다. 그것은 사물의 본질에 다가서는 것이며, 십자가에 달리셨던 그리스도께 가까이 가는 것이다. P. T. 포사이스(Forsyth)는 이렇게 썼다.

심연(깊은 데)이란 정점을 뒤집어 놓은 정점에 지나지 않는다. 마치 죄가 도덕적 고결성을 나타내는 지수가 되듯이…. 절규는 진정 인간적일 뿐만 아니라 신적인 것이기도 하다. 하나님은 인간이 맛볼 수 있는 극치의 심연보다 더 깊으시다. 우리의 죄가 아무리 깊더라도 그분의 거룩함만큼 깊지는 못하다. 하나님이 우리의 죄를 담당하시기 위해 드러내셨던 그분의 거룩하심보다 더한 심연은 존재하지 않는다.…[그러므로] 우리의 절규의 심연보다는 하나님의 깊이를 생각해 보라. 인간에게 닥칠 수 있는 최악의 사태는 그러한 심연으로부터 울부짖으며 찾을 하나님이 없을 때 온다.[2]

이스라엘은 우리에게, 고난을 환상으로 보고 거부할 것이 아니라 그것이 실제임을 인식하고 대응하라고, 두려움 때문에 회피하지 말고 믿음으로 고난에 직면하라고 가르친다. 그런 면에서 이 시편은 이스라엘의 상황을 보여 주는 것이다.

[이스라엘은] 삶의 고난과 위험에 대해 지극히 현실적인 입장을 취했다. 즉 그들은 스스로를 고난과 위험에 무방비 상태로 노출되기 쉬운 존재로 여겼고, 그것들로부터 도망쳐 관념 세계에 안주할 재간도 없었다. 오히려 그들이 가진 믿음의 내용은 일상생활에서의 그러한 실제적 체험을 야웨 하나님과의 교제 속에 가져오도록 인도했다. 적어도 고대의 이스라엘은 이론적 소양은 부족했다. 그보다는 어떤 부정적 현실조차도 대면하고, 영적으로 도저히 그러한 현실을 감당할 수 없을 때조차도 그것을 외면하지 않고 인정할 줄 아는 특별한 힘이 있었다. 이는 바로 모든 사건에 나름의 필연성과 타당성을 부여할 줄 아는 사실주의적 현실 감각에 기인한

다.…구약에 나오는 초기 형태의 서술 기법이 음영이 드리워진 위엄을 지니고 있는 것도 그 때문이다.³

그래서 시편 130편에서는 우리 사이에서 너무도 흔한 현상—고통으로 인간성을 잃고 아픔을 견뎌 내기 훨씬 어렵게 만드는 것들—의 흔적은 찾아볼 수 없다. 청산유수 같은 그럴싸한 대답은 없다. 불행에 관해 우리를 교실로 불러들일 만한 강의나, 고난에 대해 대학원 과정으로 이수할 만한 강의는 없다. 사회의 나머지 구성원들이 눈치채지 못하도록 우리의 환부를 가려 줄 신속한 응급 처치가 있는 것도 아니다. 그 어떤 선지자, 제사장, 시편 저자도 고난을 즉각 치료해 주지 않는다. 그들 중 어느 누구도 휴가를 떠나라거나 약을 한번 써 보라거나 취미를 가져 보라는 식의 얘기는 하지 않는다. 긍정적인 사고라는 미명하에 괴로움을 감춰 버리는 인위적인 선전용 미소를 권하거나 사실 은닉 따위를 도모하지도 않는다. 다만 고난을 드러내 놓고 선포한다. 그리고 기도한다.

물론 그리스도인이라고 해서 고난을 찬양하는 것은 아니다. 다시 말해 고난 자체를 종교화하지 않는다. 우리는 고통당함으로써 거룩해진다거나 자기가 당하는 불행이 남다른 의로움의 징표라고 생각하는 마조히스트가 아니다. 우리가 겪는 고난 중에는 무익하고 불필요한 고난도 있다. 그러나 주의를 기울이기만 한다면 그릇된 이유들로 고통당하는 것을 막아 주는, 그리스도인 나름의 적절하고 상식적인 지혜를 얻을 수 있다. 헨리 나우웬

(Henri Nouwen)은 이렇게 말한다.

많은 사람들이 그릇된 전제 위에 삶의 기초를 세운 까닭에 고민한다. 그것은 두려움이나 외로움, 혼란스러움 또는 의심이 있어서는 안 된다는 전제다. 하지만 그러한 것들을 인간 삶의 조건에 필수적으로 포함되는 고통으로 이해하면 창조적으로 대처할 수 있다. 따라서 사역이란 바로 **직면하게 하는** 섬김이다. 그것은 사람들로 하여금 완벽과 불멸의 환상 속에서 살게 하지 않는 것이다. 대신 그들이 죽을 수밖에 없고 깨지기 쉬운 존재라는 점을 끊임없이 상기시켜 주는 것이다. 그러나 그러한 인간 조건에 대한 인식과 더불어 비로소 자유가 찾아든다는 점도 항상 일깨워 주는 것이다.[4]

조지 맥도널드(George MacDonald)는 이에 대해 다음과 같은 경구를 남겼다. "하나님의 아들이 죽기까지 고난을 받으심으로 인간에게 더 이상의 고난이 없어진 것이 아니라, 이제 인간도 그분과 같은 고난을 받을 수 있게 된 것이다."[5]

시편 130편에서 두 번째로 중요한 점은 고통을 하나님 안에 푹 담그는 것이다. 모든 고통은 기도의 형식으로 표출된다. 이는 진정으로 하나님을 인격적인 존재이자 우리에게 관심을 가지시는 분으로 여긴다는 뜻이다. 본문의 몇 문장은 인격적인 구속자로서의 하나님의 성품에 대한 명확한 지식을 반영한다. 하나님은 우리가 친밀한 관계를 맺을 수 있는 인격적 존재이시며, 우리를 도우시는 우리의 구원자시다. 우리 삶의 **의미**와 **구원**이 거기 있다. 그것은 포사이스가 다음과 같은 말로 요약한 진리이기도 하다. "우리가 당하는 아픔은 하나님이 우리를 기억하고 계신다는 표시다. 우리가 지독한 고립 속에 버려진다면 훨씬 더 끔찍할 것이기 때문이다."[6]

본문에는 하나님의 이름이 여덟 번 나온다. 여기서 하나님이 어떻게 불리는지를 살펴보면 그분은 죄를 용서하시는 분, 그분께 소망을 두고 기다리는 이를 찾아오시는 분, 풍성한 구원과 변치 않는 사랑의 소유자, 그리하여 마침내 이스라엘을 속량하실 분으로 이해되고 있음을 알 수 있다. 하나님이 개입하시면 사태가 달라진다. 하나님은 자신의 백성에게 적극적인 행동을 취하신다. 그분은 냉담하시지 않다. 그분은 거절하시지 않는다. 그분은 이중인격자도 아니시고 꾸물거리시지도 않는다. 그분은 기분 내키는 대로 행동하는 변덕쟁이가 아니시다. 겨우 연명할 만큼만 돌봐 주는 구두쇠도 아니시다. 이와 관련하여 카를 바르트(Karl Barth)는 하나님을 다음과 같이 묘사했다.

성경이 은혜로써 증거하는바, 하나님이 피조물에게 조건 없이 끌리시는 것은, 피조물이 궁지에 빠져 있고, 하나님은 그가 고민하는 이유에 공감하시어 곤경에 빠져 있는 그에게 도움을 주신다는 전제와 맞물려 있다. 은혜, 곧 하나님의 자비로운 사랑이란 곧, (자신의 피조물에 아무 조건 없이 끌리는) 하나님의 그러한 성향에서 비롯된 것이고 하나님 자신이 사랑인바, 그러한 끌림의 성향도 자비로울 수밖에 없다. 하나님의 본질은 자비다. 하나님의 자비는 우리의 고민을 공감하는 가운데 함께 나누시려는 그분의 기꺼운 마음에 있다. 그 마음은 그분의 내적 본성에서 우러난 것으로, 그분의 전 존재와 행위의 특징이다. 그러므로 솔선해서 우리의 고민거리를 제거하기 위한 주도권을 행사하시는 것도—하나님의 본성에서 발원하는 동시에 하나님의 본성상 그럴 수밖에 없는바, 하나님의 의지에 달려 있다. 하나님이 우리의 처지를 공감하심으로 우리의 곤경에 관여하신다는 사실은, 그분이 실로 우리의 곤경 한가운데 임재하고 계심을 암시한다. 아울러 우리가 그러한 곤경을 겪지 않기를 원하시기에 그러한 곤경이 물러나게 하실 것임을 의미한다.[7]

바로 이것이, 우리가 고통을 직면하고 인정하고 받아들이며 이겨 내야 할 이유다. 고통은 궁극적인 것도 아니고 최종 결론도 아니다. 우리가 겪는 고통의 근저에, 그 경계에 하나님이 계신다. 하나님은 상처 입고 절뚝거리고 길을 잃고 방황하는 자를 찾으신다. 하나님은 말 안 듣고 갈팡질팡하는 이에게 다가오신다. 정녕 하나님이 그런 분이 아니라면 우리에겐 설 땅이 없다. "하나님, 사람의 과오를 주께서 일일이 책망하시면 살아남을 자 누구이겠습니까? 그러나 주님은 용서가 몸에 밴 분이시니, 주께서 경배받으시는 까닭입니다." 하나님의 용서가 있기에 우리가 발 붙이고 설 수 있는 것이다. 그러므로 우리는 겁에 질린 채 낙담하지 않고, 든든한 경배의 마음으로 하나님 앞에 설 수 있다.

기다림을 위해 고용된 사람

시편 130편을 지탱하는 굵직한 두 개의 실재가 있다. 그것은 고난의 실재와 하나님의 실재다. 고난은 우리가 살아 있다는, 실존적 존재로서의 진정성을 보여 주는 표시이고, 하나님은 우리가 인간답게 살아갈 수 있는, 우리의 본질적이고 영속적인 인간성을 보장해 주는 근거이시다. 우리는 고난을 받아들이고 하나님을 믿는다. 그러한 수용과 믿음, 양자는 우리의 삶이 "바다 모를 수렁에" 떨어졌을 때 진가를 발휘한다.

그러나 여기에는 단순히 실재에 대한 기술 이상의 것, 곧 실재에 참여하는 과정이 그려져 있다. 그 과정은 두 개의 단어로 설명되어 있는데, **기다림**과 **앙망함**이 그것이다. 이 두 단어는 시편 130편의 중앙에 등장한다. "기도로 살아온 인생, 내가 하나님께 기도드리며 그분의 말씀과 그분이 행하실 일을 기다린다네. 나의 주 하나님께만 의지한 이 몸, 아침이 올 때까지 기다리고, 앙망하네. 아침이 올 때까지 기다리고, 앙망하네." **기다림**과 **앙망함**은 결국 소망이 된다.

기다림과 **소망**이라는 두 단어는 밤을 새며 새벽을 기다리는 파수꾼의 이미지와 결부된다. 그러한 연결은 고통 가운데서 "그래도 내가 할 수 있는 일이 분명 있을 거야!"라고 부르짖는 사람을 위해 중요한 통찰을 제시한다. 그 부르짖음에 대한 응답은 "그럼, 네가 할 수 있는 일이 있고말고!"이며, 더 정확하게는 "넌 누군가가 될 수 있는데, 바로 파수꾼이 되는 거야"이다.

파수꾼이 중요한 인력이긴 하지만 정작 그가 하는 일은 많지 않다. 지구의 거대한 자전과 태양이 방출하는 막대한 에너지 등 날이 밝는 현상은 전부 그와는 별도로 진행된다. 그러한 현상을 조절하거나 그것에 영향을 주기 위해 그가 한 일은 아무것도 없다. 그는 파수꾼일 뿐이다. 그는 동트는 새벽이 오리라는 것을 알고 있다. 거기에는 어떤 의심이 있을 수 없다. 그동안 그는 위험에 대비해 경계 태세를 취한다. 그는 날이 밝아 다시금 활동하고 뛰어놀 수 있는 시간이 올 때까지 가엾은 어린아이들과 동물들이 안심할 수 있게 해 준다.

나도 한때 파수꾼이었던 적이 있다. 밤 10시부터 다음 날 새벽 6시까지 뉴욕의 한 건물 경비원으로 근무했었다. 야간 경비를 서면서 엘리베이터를 가동시키는 일도 같이 했다. 그러나 자정쯤이면 엘리베이터 일은 끝났다. 그러고 나면 앉아서 책을 읽거나 꾸벅꾸벅 졸기도 하고 공부도 했다. 그런데 그런 밤 시간이면 지나다 잠깐 들르거나 일부러 나를 찾아와, 신기한 이야기들을 들려주는 기이하고 별난 사람들이 있다. 그들이 들려준 이야기가 어디까지 사실이고 어디부터 허구인지 알 길은 없지만…. 파산한 백만장자는 그를 몰락시킨 공산주의 체제에 이를 갈고 있었다. 남미 사람인 탐험가는 오지나 산악 지방을 탐사하기에는 너무 늦어 보였고, 더디 흐르는 밤 시간 동안 하나님과 자신들의 영혼의 가치에 대해 함께 얘기를 나눴던 두 명의 성매매 여성도 잊을 수 없다.

꼬박 1년 동안 그 일을 했다. 나는 깨어 있으면서 공부도 하고 연구도 하고, 순찰도 돌고 잡담도 나누곤 했다. 그러면서 날이 밝기를 기다렸다. 그리고 어김없이 날이 밝곤 했다. 나를 고용한 사람들은 밤을 지키며 아침을 기다린 내게 시간당 몇 달러씩 지불할 가치가 있다고 판단했다. 그 시간 동안 내가 무언가를 하거나 만들어 낸 것은 결코 아니다. 별다른 일을 벌인 것도 아니다. 나는 다만 기다리고 지켰다. 나는 기대하고 바랐을 뿐이다.

　내가 만일 건물을 관리하는 다른 사람들이 있다는 것을 몰랐다면, 경비원으로 일하는 것에 만족할 수 없었을 것이다. 건물을 애지중지하는 소유주와 건물이 아무 탈 없이 잘 유지되도록 돌보고 수리하는 건물 기사가 있다는 것을 몰랐다면, 또한 거기서 매일같이 아주 유능하게 업무를 담당하는 수백 명의 직원들이 있다는 것을 몰랐다면—그러한 사실들을 몰랐다면, 나는 아마도 밤의 여인들이나 화려한 과거 이야기를 지어내는 노인들과 한가한 잡담이나 즐기면서 늘어질 대로 늘어져 있었을지도 모른다. 하나님에 대한 확신이 없었다면 시편 저자 역시 파수꾼이 되는 데 만족하지 않았을 것이다. 시편 저자와 그리스도인의 기다림과 파수, 즉 소망은 하나님이 그분의 창조 세계에 적극적으로 관여하시며 활발하게 구원을 이루고 계신다는 확신에 근거한다.

　바란다는 것은 아무것도 하지 않는다는 뜻이 아니다. 운명에 맡기는 체념 상태가 아니다. 그것은 하나님이 의미와 결말을 준비해 놓고 계신다는 확신에서, 우리에게 할당된 과업에 매진함을 뜻한다. 그것은 거짓 영성으로 체면 유지를 위해 어쩔 수 없이 하는 일이 아니다. 허둥대고 염려하는 것이나 겁에 질려 필사적으로 눈가림이나 하는 것과는 정반대다.

소망한다는 것은 꿈꾸는 것도 아니다. 다시 말해 우리의 권태나 고통에 대한 보호 장치로서 환상이나 공상의 실타래를 푸는 것도 아니다. 그것은 하나님이 하시겠다고 말씀하신 일을, 반드시 이행하실 것이라는 든든하고도 기민한 기대감이다. 그것은 믿음의 고삐에 매어 놓은 상상력이다. 그것은 하나님이 그분의 방식대로, 그분의 시간표대로 행하시도록 기꺼이 맡겨 드리는 것이다. 이는 우리 편에서 하나님이 행하실 계획을 세운 다음, 언제 어떻게 해 달라고 요구하는 것과는 정반대다. 그런 행동은 하나님을 의지하는 것이 아니라 하나님을 좌지우지하려는 심리의 발로다. "기도로 살아온 인생, 내가 하나님께 기도드리며 그분의 말씀과 그분이 행하실 일을 기다린다네. 나의 주 하나님께만 의지한 이 몸, 아침이 올 때까지 기다리고, 앙망하네. 아침이 올 때까지 기다리고, 앙망하네."

안과 의사와 화가

돈 주변에 도둑이 모이듯, 고통당하는 이들 주변에는 상담가가 모인다. 우리가 무엇을 잘못해서 그러한 난관에 봉착했는지에 대한 의견이나, 이제 그것으로부터 헤어나기 위해 무엇을 할 수 있는지에 대한 처방을 제시하는 이들이 많다. 처음엔 공감이, 나중엔 충고가 쏟아진다. 그러나 우리에게 좀처럼 변화의 기미가 보이지 않으면, 그들은 우리를 가망 없는 사례라며 포기한다. 그러나 우리에게 필요한 것은 그러한 것이 아니다. 우리에겐 소망이 필요하다. 우리는 우리가 하나님과 관계를 맺고 있음을 알 필요가 있다. 고통은 우리를 인간다워지게 하는 한 요소일 뿐, 우리와는 영 맞지 않는 이질적인 그 무엇이 아님을 알아야 한다. 그리고 **우리가** 어디에 있으며 **하나님은** 어디에 계신지를 알아야 한다.

우리에게는 화가보다는 안과 의사가 필요하다. 화가는 붓과 팔레트를 이용해 자신이 본 대로의 세상을 그림으로 보여 주려 한다. 그러나 안과 의사는 우리로 하여금 있는 그대로의 세상을 볼 수 있게 해 주려 한다. 조지 맥도널드의 소설『공주와 커디』(*The Princess and Curdie*, 현대지성사)에서 커디는 성에 도착한 후, 끝없이 긴 계단을 발견하고는 탑 꼭대기에 이르려면 더 가야 한다는 것을 알게 된다. 서술자는 그때를 놓치지 않고 다음과 같이 일러 준다. "가장 낮고 깊은 곳에서 훌륭하게 일해 낼 줄 아는 사람일수록 저 높은 꼭대기도 쉽게 이해할 수 있는 법이다. 왜냐하면 둘은 따지고 보면 본질상 하나이기에."[8]

고통 중에 있는 사람, 고통을 겪어 본 사람 그리고 고통을 겪게 될 사람에게 시편 130편은 없어서는 안 될 장비다. 진정한 차이는, 어떤 고통을 당하느냐가 아니라 고통을 겪는 방식에 있음을 깨우쳐 주기 때문이다. ("똑같이 휘젓더라도 어떤 물이냐에 따라 악취 나는 물은 더 지독한 악취를 내고, 향수는 더 상쾌한 향을 풍기는 법이다."[9]) 시편 130편은 우리에게 고난을 감내하라고 훈계하지 않는다. 고난을 해명하거나 그것을 피할 묘책을 제시하는 것도 아니다. 그보다는 우리가 처한 고통의 심연이 하나님의 출입 제한 구역이 아님을 강변하고 있다. 우리는 우리를 환난에 빠뜨리는 그 무엇도, 그 누구도 우리를 하나님으로부터 떼어 놓을 수 없다는 것을 안다. "주님은 용서가 몸에 밴 분이시[기]" 때문이다. 우리는 우리를 향하신 하나님의 뜻은 구원이며, 고통이 아닌 구원이야말로 궁극적인 것임을 믿게 된다.

아무리 "바닥 모를 수렁"(1절)이라도 바닥이 있기 마련이다. 그에 비해 하늘은 한없이 높다. 그것을 알면 고통을 향해 전진하면서, 기다리고 주시하는―즉, 소망하는 기술을 습득하는 데 힘이 날 것이다. 이렇듯 우리가 기다림과 앙망함으로, 은총과 부활로 이끄시는 하나님의 방식에 시선을 고정시킬 때, 하나님이 우리의 구원을 이루시고 우리의 신앙을 키워 주실 여지가 생긴다.

13장

겸손

"남의 일에 참견하지 않았고
거창하고 허황된 꿈을 꾸지도 않았습니다"

하나님, 나는 대장이 되려고 애쓰지 않습니다.
으뜸이 되고 싶지도 않습니다.
남의 일에 참견하지 않았고
거창하고 허황된 꿈을 꾸지도 않았습니다.
나는 발을 땅에 디디고
마음을 고요히 다잡으며 살았습니다.
엄마 품에 안긴 아기가 만족하듯
내 영혼 만족합니다.
이스라엘아, 하나님을 기다려라. 희망을 품고 기다려라.
희망을 가져라! 언제나 희망을 품어라!
시편 131편

겸손은 하나님에 대한 확신의 이면이다.
반면 교만은 자아에 대한 확신의 이면이다.

존 베일리

그리스도인의 신앙은 무엇보다 보존이 중요하다. 따라서 세심한 돌봄이 필요하다. "어떤 것을 그냥 방치해 둔다면 그것을 엄청난 변화의 회오리 속에 두는 것과 다름없다. 하얀 기둥을 그냥 내버려두면 그 기둥은 곧 검게 변할 것이다."[1]

해마다 봄이면 자기 집 나무며 화초를 가지치기해 주는 이웃을 많이 볼 수 있다. 그것은 식물의 생장을 위한 연중 행사다. 그러나 식물의 생장을 이해하지 못하는 문외한들이 오해할 소지가 있다. 가지치기는 마치 훼손 행위처럼 보이기 때문이다. 식물의 생장을 돕는 것인데, 겉으로는 식물을 죽이고 있는 것처럼 보인다.

우리 집엔 벌써 수년째 전혀 가지치기를 해 주지 않은 장미나무가 있다. 첫해엔 탐스러운 꽃들이 만발했다. 그리고 지난 여름엔 나무가 전보다 훌쩍 자라 있었다. 장미 넝쿨이 내가 만들어 준 격자 지붕까지 타고 올라갔다. 나는 장미꽃이 전보다 더 많이 피기를 고대했다. 그러나 결과는 실망이었다. 꽃망울은 작고 볼품없었다. 가지가 뿌리로부터 너무 멀리 뻗은 까닭에 탐스러운 꽃을 피울 수 없었다. 적절한 가지치기가 필요했던 것이다.

시편 131편은 보존(maintenance)의 시편이다. 신앙인에게 이 시편은 정원사의 가지치기 같은 역할을 한다. 그것은, 정말 더 나은 것을 알지 못하는 이들의 눈에 좋아 보이는 것을 제거하는 작업이다. 아울러 하나님께 둔 신앙의 뿌리와 우리 마음 사이의 먼 간격을 좁히는 조치에 해당한다.

시편 131편이 가지치기하고 있는 두 가지는 무절제한 야망과 유아적 의존심으로, 지나친 자만심과 떼를 쓰는 습성이라고도 할 수 있다. 이 두 경향은 자칫 강점으로 비치기도 하는데, 특히 그리스도인다운 성장을 아직 잘 모르는 이들에게는 더욱더 그럴 수 있다. 세심한 주의를 기울이지 않는다면 정작 우리를 망치고 말 습성들을 장려할 수도 있다. 우리에게는 특별하고도 꾸준한, 전문가의 교정의 손길이 필요하다. 가지치기가 필요한 것이다. 예수님도 이렇게 말씀하셨다. "내게 붙어 있으면서 열매를 맺지 않는 가지는 아버지께서 다 쳐내시고, 열매를 맺는 가지는 잘 손질하여 더 많은 열매를 맺게 하신다"(요 15:2). 우리 주님은 시편 131편을 이용하여 그분의 백성들에게 이 중요한 작업을 행해 오셨다. 우리가 이 시편을 이해하고 친숙해짐에 따라 예수님은 우리가 "열매를 맺는" 가지가 되도록 이 본문을 적용하실 것이다.

무모해진 열망

"하나님, 나는 대장이 되려고 애쓰지 않습니다. 으뜸이 되고 싶지도 않습니다. 남의 일에 참견하지 않았고 거창하고 허황된 꿈을 꾸지도 않았습니다. 나는 발을 땅에 디디고 마음을 고요히 다잡으며 살았습니다."

우리가 이 구절을 이해하는 데는 상당한 무리가 따른다. 물론 특별히 이해하지 못할 단어는 없으므로 머리로는 이해가 된다. 그러나 본문의 진리를 정서적으로 이해하고 느끼기는 어렵다. 어떤 문화든 복음의 실재를 추구하는 이들의 여정에 장애물을 던져 놓는다. '다른 시대, 다른 공간에 있었더라면 그리스도인으로 살아가기가 훨씬 쉬웠을 텐데'라는 생각은 환상에 불과하다. 중국 그리스도인의 상황이 스페인 그리스도인보다 나을 게 없고, 러시아 그리스도인이나 브라질 그리스도인, 혹은 미국 그리스도인이라도 그리스도인으로 살아가기가 훨씬 더 쉬운 것은 아니다. 또한 훨씬 더 어렵지도 않다. 어떤 문화, 어떤 시간 속에서든 신앙 여정이 헤쳐 나가야 할 실재들은 항상 있게 마련이다.

그럼에도 간혹, 경우에 따라 특별한 문제를 야기하는 어려움이 있을 수 있다. 예를 들어, 고질적인 유혹과 시험이 그 문화권에서 인정받는 사항이자 기대되고 권장되기까지 하는 생활 방식으로 건재할 때, 그리스도인은 실체를 분간하기 힘든 장애물에 걸려 넘어질 수 있다. 으레 그러한 것들은 휘황찬란한 불빛에 싸인 청동 옷을 입힌 기념비로 존재하기 때문이다. 숭배의 대상이 되어 있는 것이다. 그러나 명백한 사실은 그것이 신앙의 길 한복판에서 제자도의 진로를 방해하고 있다는 점이다. 아무리 환상적인 외관을 갖추고 명예로운 자리에 있다 해도 그것은 여전히 장애물에 불과하다.

서구 문명, 특히 미국이란 풍토에서 번성하는 유혹은 야망이다. 야망이라면 일단 부추기고 격려하고 보는 것이 미국 문화다. 우리는 확장과 획득, 명성이 곧 진보인 세속에 길들여져 있다. 누구나 더 많이 갖기를 원한다. 어떤 분야에서든 정상을 차지하면 우러러본다. 그 유혹은 결코 최근에 나타난 것이 아니다. 그것은 성경에서 가장 오래된 죄로, 아담을 에덴에서 추방시키고 천사 루시퍼를 하늘에서 추락하게 만들었다. 다만 눈에 띄게 새로운 현상이 있다면 그 유혹을 보편적으로 동경하고 인정한다는 것이다.

파우스트 박사에 대한 옛 이야기는 일종의 경고로써 널리 알려지고 감상되곤 했다. 요한 파우스트는 법률과 의학, 신학 연구에서 자신의 역량의 한계를 참아 낼 수 없었다. 그는 자신이 그 분야에서 얼마나 많은 것을 배웠든지 간에 언제나 자신보다 위대한 것 즉 정의나 치료, 신을 섬기는 하수인에 불과함을 깨달았다. 그는 그러한 섬김에 염증을 느끼고 탈피하고 싶었다. 지배자가 되고 유한성의 한계를 깨뜨리기를 원했다. 결국 그는 마법에 통달하여 물리학의 원리와 윤리적 제약, 신과의 관계에 도전하고 자신의 목적과 쾌락을 위해 지식을 이용할 수 있었다. 그러나 거기에는, 향후 24년 동안 그를 신처럼 살 수 있게 해 줄 악마와의 거래가 전제되었다. 즉 관계 속에 거하는 것이 아니라 지배하며 살고, 사랑을 실천하는 것이 아니라 권력을 행사하며 살게 된 것이다. 그러나 24년의 끝에는 파멸이 기다리고 있었다.

세기를 거듭하면서 이 이야기는 숱한 시인과 극작가, 소설가(괴테, 말로, 토마스 만)에 의해 부활하곤 했다. 그들은, 하나님의 형상으로 창조된 인간이라는 영광스러운 신분을 포기하고, 스스로 신이 되고자 무모한 모험을 시도하지 말라고 경고했다. 그러나 오늘날 경악할 만한 현상이 벌어졌다. 파우스트형 인간, 즉 교만과 권력의 가도를 달리는 존재 군상이 일반화된 것이다. 오늘날 우리 문화 전체가 파우스트적이다. 하나님의 의미를 궁구하고 인간다움을 가장 잘 실현할 수 있는 조건을 탐색하는 기쁨을 향유하는 대신, 본성에 위배되는 길을 무모하게 추구하고 오만하게 인격적인 관계를 경시하며, 신의 이름은 오직 저주할 때나 들먹이는 생활 방식에 사로잡혀 있다. 오랜 세월 동안 신에 맞서는 교만의 어리석음을 지적하는 데 유용했던 파우스트의 교훈은 오늘날 사실상 사장되고 말았다. (교육적 이상, 경제적 기대, 심지어 대중 종교에 이르기까지) 우리 사회 전반이 파우스트적 야망에 경도되어 있기 때문이다.

교만을 모든 면에서 미덕으로 여기고 유익한 것으로 권장하며 성공으로 보장하는 마당에, 교만을 죄로 인식하기는 어렵다. 성경에 근본적인 죄, 모든 것을 자기 손으로 하려는 죄, 스스로 신이 되고자 하는 죄, 움켜쥘 수 있는 한 움켜쥐고자 하는 죄로 묘사되어 있는 것이 이제는 근본적인 지혜로 묘사된다. 무슨 수를 써서라도 내 발전을 꾀하고, 어떤 대가를 치르더라도 출세하고, 나 자신부터 챙기고 보자는 것이다. 한동안은 잘 풀릴 것이다. 그러나 결국 사탄은 자신의 몫을 챙긴다. 남은 것은 파국뿐이다.

게다가 통제되지 않은 야망을 죄로 인식하기 어려운 이유는 그것이 표면적으로는 열망(aspiration)이라는 덕목과 관련이 있기 때문이다. 열망이란 고루하고 안이한 삶에 안주하지 못하고 창조주와 더불어 편안한 관계를 맺기까지, 평범한 상태를 참지 못하고 모든 피조물에 대해 불만족을 느끼는 상태에서, 하나님이 우리를 위해 마련하신 최선의 것을 희망차게 갈구하는 것이다. 바울은 그것을 이렇게 묘사했다. "나는 하나님께서 우리를 손짓하여 부르시는 그 목표, 오직 예수만을 바라볼 뿐입니다"(빌 3:14). 그러나 그러한 열망을 위한 에너지를, 하나님을 지워 버리고 그 자리에 우리 자신의 조잡한 초상화를 그려 넣는 데 써 버린다면 우리에겐 추한 교만의 몰골만 남을 뿐이다. 로버트 브라우닝(Robert Browning)이 쓴 열망에 대한 유명한 시구가 있다. "인간에게는 손을 뻗어도 잡을 수 없는 것이 있는 법! 어찌 하늘을 잡을 수 있단 말인가!" 그러나 이것은 "하늘까지 손을 뻗어서 아직 그 누구의 소유도 아닌 모든 것을 움켜쥐라"는 말로 왜곡되었다. 야심은 무모해진 열망이다. 열망은 어떤 정해진 방향으로 나아가도록 하는 창조적인 힘으로서 성령 안에서 목표를 구체화시키는 가운데, 그리스도 안에서 성장하게끔 우리를 인도한다. 야심 역시 같은 성장과 발전의 에너지를 갖고 있지만 그것은 기껏해야 우리가 에덴에서 휴가나 즐기고 있을 시간에, 땀을 뻘뻘 흘려 가며 황급히 바벨탑을 쌓거나 조야하고 보잘것없는 우상을 만드는 데 소모되고 말 뿐이다. 칼뱅의 말대로, "스스로를 야심의 권세 아래 굴복시키는 사람은 머지않아 혼돈의 미로를 헤매게 될 것이다."[2]

우리는 오직 창조의 맥락에서 살아갈 때만 잘 살 수 있다. 사랑을 주시는 하나님과 사랑을 받는 우리, 만드시는 하나님과 만들어진 우리, 계시하시는 하나님과 깨닫는 우리, 명령하시는 하나님과 응답하는 우리라는 창조의 맥락 말이다. 그리스도인이 된다는 것은 창조라는 조건을 수용하고 하나님을 우리의 창조주요 구속주로 승인하며, 기쁨을 키워 가고 사랑을 체험하며 평강 중에 성숙하면서, 날마다 그리스도 안에서 영광스러운 피조물로 자라 가는 것이다. 그리스도의 은혜로 우리는 하나님의 형상으로 빚어지는 경이를 체험하게 된다. 그것을 거절한다면 인간에게 남는 유일한 대안은 우리와 같은 남자와 여자의 형상으로 만들어진, 초라하고 흉물스러운 신을 모방하는 것뿐이다.

성경의 계시(창세기)와 인간의 경험(괴테) 모두 그것이 잘못된 길임을 보여 준다. 그리고 그것을 분별할 만큼 지혜로운 시편 저자는 이렇게 노래한다. "하나님, 나는 대장이 되려고 애쓰지 않습니다. 으뜸이 되고 싶지도 않습니다.…거창하고 허황된 꿈을 꾸지도 않았습니다. 나는 발을 땅에 디디고 마음을 고요히 다잡으며 살았습니다. 엄마 품에 안긴 아기가 만족하듯 내 영혼 만족합니다." 나는 나 자신의 삶, 또는 다른 이의 삶을 지휘하려 들지 않을 것이다. 그것은 하나님의 일이다. 감히 우주의 의미를 지어내려 하지도 않을 것이다. 나는 하나님이 보여 주시는 대로의 우주의 의미를 인정할 것이다. 그리고 나는 내가 가정이나 이웃, 또는 일터의 중심인물이 되어야 한다고 뽐내지 않을 것이다. 대신 내가 있어야 할 곳과 내가 잘할 수 있는 일을 찾으려 애쓸 것이다. 남의 이목을 끌기 위해 떠벌리고, 자신의 중요성을 과시하며 활개 치던 영혼은 이제, 진실로 그 자신이 되기 위해 잠잠하고 고요해진다.

어린아이 같은 만족

그러나 우쭐대고 떠벌리며 거만한 사람이 되지 않으려면 과연 어떤 모습이어야 할까? 굽실거리고 겁 많고 유약한 모습? 그렇지 않다. 교만의 함정과 스스로를 과신하는 죄를 의식함과 동시에 우리는 또 다른 함정, 곧 스스로를 지나치게 보잘것없게 여기는 함정에 빠질 수 있다. 그리스도인에게 최대의 유혹은 어디서든 주인공이 되려는 야심이므로, 흠 없는 그리스도인이 되려면 눈에 띄지 않는 미미한 존재로 죽어 지내는 게 최고라고 생각하는 이들이 있다. 그래서 생기는 문제가 어떤 학대라도 감내하는 깔개 그리스도인 증후군과 행주 성도 증후군이다. 이들은 누구든 짓밟고 다니면서 신발에 묻은 흙먼지를 털어 내는 존재, 타인에 의해 일상의 더러움을 닦아 내는 데 실컷 이용되다가 마침내 버려지는 존재다. 이런 유형의 사람은 하나님께 매달려 눈물로 하소연하는 것으로 자신의 비참한 삶을 보상받거나, 천국에서의 화려한 나날을 꿈꾸는 것으로 현실의 불행을 상쇄하려 한다.

믿음이란 신경증적 의존이 아니라 어린아이와 같은 순수한 신뢰다. 우리가 믿는 하나님은 우리의 변덕스러운 응석을 언제까지나 받아 주시는 분이 아니라 우리가 운명을 맡길 수 있는 하나님이다. 그리스도인은, 보호받고 위로받고 채워졌다는 느낌을 떠나서는 정체감을 가질 수 없는 철부지 어린애가 아니다. 그리스도인은 하나님을 자발적으로 신뢰할 때 가장 온전히 향유할 수 있는 정체성, 하나님이 부여하신 그 정체성을 발견한 사람이다. 우리는 불확실에 대한 공포와 두려움 때문에 절망적으로 하나님께 매달리는 존재가 아니다. 우리는 믿음과 사랑 가운데 자유롭게 하나님께로 나아간다.

우리 주님은 그리스도인이 지녀야 할 신앙의 모델로 어린아이를 추천하셨다(막 10:14-16). 어린아이의 무력함 때문이 아니라 흔쾌히 주님의 인도하심과 가르치심과 복을 받고자 하는 자발성 때문이었다. 하나님은 파블로프가 말한 조건 반사에 나오는 개처럼 신호에 따라 정성 없이 예배드리고 기도하고 순종하는 신자를 원치 않으신다. 하나님은 우리를 세우시되, 그분의 말씀과 은사, 은총을 우리의 의사대로 자유로이 받을 수 있는 존엄성을 지닌 인격으로 세우신다.

시편 131편은 이 점에서 탁월함을 드러내며 비길 데 없이 매력적인 관계성을 묘사한다. 예루살렘 성경은 히브리 은유의 사실주의적인 특성을 그대로 담아내고 있다. "나는 발을 땅에 디디고 마음을 고요히 다잡으며 살았습니다. 엄마 품에 안긴 아기가 만족하듯 내 영혼 만족합니다." 특히 "엄마 품에 안긴 아기"라는 대목은 완전히 새로운, 의외의 실재를 창조하고 있다.

그리스도인은 엄마한테 젖 달라고 울어 대는 갓난아이와는 거리가 멀다. 그보다는 엄마 품에 얌전히 안겨, 엄마와 함께 있는 것만으로 행복해하는 젖 뗀 어린아이의 평온한 모습이다.…그와 하나님 사이에는 이제 어떤 주문도 오가지 않는다. 왜냐하면 그는 자기가 구하기 전에 하나님이 먼저 그의 필요를 알고 계심을 확신하기 때문이다. 어린아이가 차츰 엄마를 오직 자신의 욕구를 충족시킬 수단으로 여기는 성향에서 벗어나, 엄마를 엄마 자체로서 사랑하는 법을 배우게 되듯이, 하나님과 더불어 씨름의 과정을 거친 예배자는 자신의 소원을 이루기 위한 수단으로서의 하나님이 아닌, 하나님 자체를 갈망하는 마음의 상태에 이르게 된다. 그의 삶의 무게 중심이 옮겨진 것이다. 그는 더 이상 그 자신을 의지하지 않고 하나님을 의지한다.[3]

젖을 먹는 아기에서 젖 뗀 어린아이로의 이행, 기를 쓰고 울어 대는 갓난아이에서 얌전한 아이로 성장하는 과도기는 순탄하지 못하다. 사납고 시끄러운 과정이다. 우리 자신을 잠잠하게 하는 과정도 그에 못지않다. 파도를 잔잔하게 하거나 바람을 잠재우거나 호랑이를 달래는 편이 우리 자신을 평정하게 하는 것보다 훨씬 빠를 것이다. 그것은 격전에 가깝다. 달래어지기를 기대했다 거부당한 아기는 화를 내며 울거나 시무룩해진다. 서럽게 울거나 발버둥 치며 떼를 쓰기도 한다. 아기는 처음으로 커다란 슬픔에 직면해서 격심한 고통을 겪는다. 그러나 "젖 뗀 아이에게 엄마의 존재는 그 자체로서 위안이 된다. 비록 엄마가 달래주기를 거부했다 해도 그렇다. 한때는 우리에게 꼭 필요한 것처럼 보였던 기쁨을 버리고, 정작 그것을 주기를 거부하는 하나님에게서 위안을 찾는 것, 그것이야말로 영적 유아기를 탈피한 성장의 복된 징후다."[4]

이러한 신앙의 길을 걸어온 많은 이들은, 기를 쓰고 하나님을 붙잡고 늘어지는 유아적 신앙에서, 사랑으로 하나님께 응답하는 성숙한 신앙으로의 이행을, "엄마 품에 안긴 아기가 만족하[는]"(시 131:2) 모습에 비유했다. 우리는 종종 절박한 시기에 그리스도인으로서의 삶을 시작한다. 물론 하나님은 우리의 요구를 거절하지 않고 들어주신다. 하늘로부터 임하는 위로는 모든 절망을 날려 버리고 "만사형통하고 모든 일이 잘 풀릴 거야"라고 우리를 설득한다. 신앙의 초기 단계에선 놀라운 표적이나 성령으로 인해 뛸 듯이 기쁜 상태가 보기 드문 현상이 아니다. 그러나 제자도가 진행됨에 따라, 확연히 드러나는 위로는 점차 사라진다. 하나님은 우리가 신경증적으로 그분께 의존하는 것이 아니라 자발적으로 그분을 신뢰하기를 원하시기 때문이다. 그래서 그분은 우리에게서 젖을 떼신다. 감정에 치우쳐 수유기를 필요 이상으로 오래 끌어서는 안 된다. 이유기는 종종 매우 시끄럽고 오해로 점철되기 쉬운 시기다. **이젠 더 이상 초신자 때 느꼈던 감격이 없어. 그렇다면 난 더 이상 그리스도인이 아니란 말인가? 하나님이 나를 버리신 걸까? 내가 엄청난 잘못을 저지른 걸까?**

대답은 모두 그렇지 않다는 것이다. 하나님은 당신을 포기하지 않으셨고, 당신에게 어떤 잘못이 있어서도 아니다. 당신은 이유기에 들어간 것이다. 어머니에게 매여 있던 시기는 지났다. 이제 하나님을 찾고 안 찾고는 당신 마음이다. 어떤 의미에서 당신은 독립한 상태에서, 우리 주님께 귀 기울이고 그분을 영접하고 즐거워하라는 공개 초청을 받은 것이다.

시편 131편의 마지막 절은 새로 획득한 자유의 이러한 성격을 부각시킨다. "이스라엘아, 하나님을 기다려라. 희망을 품고 기다려라. 희망을 가져라! 언제나 희망을 품어라!" 다시 말하면, 하나님과 함께 있기로 결심하라. 그분의 임재를 선택하라. 그분의 뜻을 따라 열망하라. 그분의 사랑에 응답하라.

평온한 길

찰스 스펄전(Charles Spurgeon)은 시편 131편을 설교하면서 "읽기는 가장 쉬워도 터득하기는 가장 어려운 시편 중 하나"라고 말한 바 있다.[5] 신앙의 길을 걸을 때 우리는 늘 중심을 잡지 못하고 비틀거리는 것처럼 보인다. 어떤 길모퉁이에서는 두려운 문젯거리나 끔찍한 위기 상황에 맞닥뜨리게 된다. 그럴 때 우리는 응전 태세를 갖추고, 하나님께 "고맙습니다만 비켜 주세요. 저 혼자 힘으로 처리할게요"라고 말하면서 스스로 그 상황의 주인이 되어 난국을 타개하기 위해 팔을 걷어붙인다. 그러나 다음 모퉁이에서는 지레 겁을 먹은 나머지 맥을 못 추고, 우리의 문제를 대신 해결해 줄 유아적 신앙으로 줄행랑친다. 유아적 신앙에는 심사숙고의 부담이나 선택의 고충 같은 것이 존재하지 않기 때문이다. 그런 식으로 우리는 번갈아 가며 고삐 풀린 망아지나 칭

얼대는 아기가 되곤 한다. 설상가상으로 우리 주위에는 우리로 하여금 온갖 방도를 시도하도록 선동하는, 소위 전문가들이 무수하게 포진해 있다.

우리를 도와주겠다고 나서는 다방면의 전문가들은 작전 참모 같은 사고방식에 젖어 있어서 우리의 문제를 해결하기 위해 광범위하고 포괄적인 해결책을 제시한다. 그러한 해결책도 먹히지 않으면 우리는 진퇴양난의 늪에 빠져들게 된다. 처음엔 당당한 자신감을 갖도록 고무되다가 나중에는 유아적 심리로까지 퇴행하게끔 위협받는다. 하지만 또 다른 길이 있다. 고요한 기독교적 겸손이라는 평온한 길 말이다! 우리에게는 가지치기가 필요하다. 구석구석 가지치기를 받고 나서 이 시편을 배우게 되면, 엄마 품에 안긴 아기의 고요함과 성숙한 신뢰가 주는 평온함을 발견하게 될 것이다. 이 시편은 많은 이들이 간과할 정도로 짧지만, 그러한 간결함과 소박함에도 불구하고 우리에게 필수적인 덕목을 제시한다. 그리스도인이라면 누구나 성장과 발전에 따르는 문제와 고충에 직면하기 때문이다.

시편 131편의 기조를 매우 예리하게 통찰한 피터 마린(Peter Marin)의 글을 소개하고자 한다.

아무런 해결책도 보이지 않는 문화적 상황이 있다. 너무 난해하고 복잡해서 어떤 제도로도 흡수하거나 수용할 수 없는 영적 변화가 그렇다. 과연 누가 종교개혁기를 '평정할' 수 있었겠으며, 1세기 로마를 평정할 수 있었겠는가? 어떤 이는 타협하고 순응하며, 어떤 이는 미래를 꿈꾸면서 우리 모두를 구원할 방도를 세운다. 그러나 그 모든 것에도 불구하고, 아니 바로 그것 때문에, 사적이고 자주적인 행동들이 보다 비중 있게 보인다. 그리고 그러한 행동들은 날마다 보다 필수적인 것이 되어 간다.···우리가 필요로 하는 종류의 혁명을 이루든지, 억압을 이겨 내든지 간에 말이다.···우리를 언제나 진정 인간다운 남자와 여자로 구원해 주는 것은 언제나 이것이었다—우리 자신의 행동과 삶의 질!⁶

그리고 그것이 시편 131편이 가르치는 바다. 무분별한 오만과 신실한 열망의 차이를 구별할 줄 알고 유아적 의존심과 어린아이와 같은 순전한 신뢰를 구별할 줄 알아, 열망과 신뢰를 선택할 줄 아는 잔잔한 확신과 조용한 힘이라는 삶의 질, 그리하여 이렇게 노래할 수 있는 비결 말이다. "나는 발을 땅에 디디고 마음을 고요히 다잡으며 살았습니다. 엄마 품에 안긴 아기가 만족하듯 내 영혼 만족합니다."

14장

순종

"그가 하나님께 약속한 일을 기억하소서"

오 하나님, 다윗을 기억하소서,
그의 노고를 기억하소서!
그가 하나님께 약속한 일을 기억하소서.
야곱의 강하신 하나님께 그가 맹세했습니다.
"나, 집에 가지 않겠습니다.
잠자리에 들지 않겠습니다.
잠도 자지 않고 쉬지도 않겠습니다.
야곱의 강하신 하나님께 집을 마련해 드리기 전까지는."
…하나님께서 다윗에게 이렇게 약속하셨다.
결코 취소하지 않으실 약속이다.
"네 아들들 가운데 하나를 네 왕좌에 앉게 해 주겠다.
네 자손이 내 언약에 충실하고 내 가르침을 따르는 한,
대가 끊이지 않으리라. 네 왕좌에 앉을 아들이 언제나 있으리라.
그렇다. 나 하나님이 시온을 택했다.
내 제단을 둘 곳으로 이곳을 택했다.
언제나 여기가 내 집이 될 것이다.
내가 이곳을 택했고, 영원토록 여기 있을 것이다.…"

시편 132편

하나님에 대한 진정한 앎은 순종으로부터 온다.

장 칼뱅

몇 년 전, 내게 깨달음을 준 비유적 사건이 하나 있었다. 가벼운 코 수술을 받은 후 병원 회복실에 누워 있을 때였다. 수술 자체는 간단했지만 통증이 극심해서 몹시도 괴로운 상태였다. 오후 늦게 한 남자가 내 옆의 침대를 배정받아 들어왔다. 그는 다음 날 편도선 수술이 잡혀 있었다. 스물두어 살쯤 된 그 청년은 잘생기고 친절했다. 그는 내 쪽으로 와서는 악수를 청하며 말을 건넸다. "안녕하세요? 전 켈리라고 합니다. 어떻게 오셨어요?"

나는 흔쾌히 대화를 나눌 만한 상태가 아니었기에 악수에도 응하지 못한 채, 겨우 이름만 밝히고 코뼈가 부러져서 들어왔다고 말했다. 그러자 그는 내가 말하고 싶어 하지 않는다는 것을 알아차리고 우리 둘 사이에 있던 커튼을 치고는 자기 자리로 돌아갔다. 저녁 늦게 그의 친구들이 찾아왔을 때 그가 하는 말이 들렸다. "저 옆 침대에 프로 권투 선수가 들어왔는데, 챔피언전에서 코가 부러졌대." 그는 자기 친구들에게 이야기를 부풀리고 있었다.

저녁 늦게, 상태가 좀 좋아진 나는 그에게 말했다. "켈리, 내 얘기를 오해했나 본데, 나는 프로 권투 선수가 아니에요. 코는 몇 년 전 농구하다 부러졌는데, 이제야 치료받은 거예요."

"아, 그러세요? 그러면 무슨 일 하세요?"

"저는 목사예요."

"그렇군요." 그러고는 제자리로 돌아갔다. 그에게 나는 더 이상 관심 있는 대상이 아니었다.

다음 날 아침, 그가 날 깨웠다. "피터슨, 피터슨, 좀 일어나 보세요." 나는 겨우 눈을 뜨고서 왜 그러냐고 물었다. "기도 좀 해 주세요. 저, 겁이 나요." 그래서 나는 그가 수술에 들어가기 전에 그의 침대 곁으로 가서 기도해 주었다.

두서너 시간 후에 그는 돌아왔고 간호사는 이렇게 말했다. "켈리, 주사를 놓을 건데, 이거 맞으면 통증이 와도 끄떡없을 거예요."

20분쯤 지나자 그는 신음하기 시작했다. "너무 아파 못 견디겠어요. 죽을 것만 같아요."

나는 벨을 눌러 간호사를 불렀다. "선생님, 아까 맞은 주사가 별 효과가 없는 것 같은데, 다른 주사는 없나요?" 그러자 그녀는 내 제안을 묵살하고는, 다소 무안하다 싶게 담당 간호사는 자기라고 잘라 말하고 홱 돌아서 나가 버렸다. 그 와중에 켈리는 계속해서 고통을 호소했다.

그로부터 30분쯤 후에 켈리는 환각 상태에 빠져서 정신없이 소리치기 시작했다. "피터슨! 날 위해 기도해 줘요. 내가 죽어 가는 거 안 보여요? 기도해 달라구요!" 그의 비명에 간호사며 의사며 다른 직원들까지 줄줄이 달려왔다. 그들은 그를 진정시키고 그제서야 내가 조금 전에 말했던 주사를 놔 주었고 그는 잠잠해졌다.

그 사건이 가지는 비유적 의미는 다음과 같다. 그 남자는 겁에 질렸을 때 내가 자기를 위해 기도해 주기를 원했고, 미친 듯이 괴로워할 때도 그러했다. 그러나 그 나머지(사이) 시간, 소위 평상시에는 목사와 아무 상관없는 사람이길 원했다. 궁지에 처한 켈리의 모습은 많은 이들의 종교관을 드러낸다. 사람들이 두려워할 때 도와주지만 그 두려움이 해소되고 나면 잊혀지는 종교, 미칠 것 같은 흑암의 시간에는 절실했다가 밝은 태양 아래 무사히 흘러가는 일상에서는 소원해지고 무미해지는 종교. 사실상 세상에서 가장 종교적인 장소는 교회가 아니라 전쟁터나 정신병원이다. 교회 회중석보다는 전장의 참호 속에서 간절한 기도가 터져 나오기 쉬운 법이다. 신비로운 환영이나 초자연적 음성도 교회보다는 정신병원에서 쉽게 접할 수 있는 법이다.

안정된, 그러나 무디지 않은

그럼에도 불구하고 우리 그리스도인들은 믿음을 키우기 위해 그러한 장소를 찾아가지는 않는다. 간절한 기도를 드리기 위해 일부러 위급한 상황을 자초하거나, 천국과 지옥의 생생한 환상을 접하고 하나님의 목소리를 똑똑히 듣는다는 이들 주변에 있기 위해 고의로 정신병동에 갇힐 짓을 하지는 않는다. 대부분의 그리스도인들은 그야말로 안전하고, 성경 계시만으로도 충분히 예언적인 장소인 교회에 나올 뿐이다. 우리는 본능적으로 건전하고 온건한 믿음을 지향하기 때문이다. 죽음도 불사할 상황을 추구하지도 않고 정신적으로 불안정한 스승을 원하지도 않는다. 그러나 그렇다고 우리가 어떤 이들이 간절히 바라 마지않는 것, 즉 우리의 이웃에게 우리가 까다롭지도 않고 위험인물도 아님을 보증하고, 은행에서도 신용 우량자로 대접받게 해 줄 종교, 무슨 일이 있어도 우리에게 안정만큼은 보장해 줄 종교를 갖는 것은 아니다. 그리스도인으로 성장하면서 둔해지고, 제자도를 따르면서 앤서니 트롤럽(Anthony Trollope)의 작품에 등장하는 인물처럼, "일일이 열거할 수 없을 정도로 많은 미덕을 지니고 있지만, 정작 열거할 가치가 있는 미덕은 없는" 사람이 되어 가는 것은 정말 두려운 일이다.

우리는 안정되어 있으면서도 무뎌지지 않는, 비전이 있으면서도 환상에 치우치지 않는 신앙을 원한다. 어떻게 하면 안정감과 모험 정신 둘 다를, 다시 말해 신앙의 건전성과 진정한 건전함의 열정을 동시에 가질 수 있을까? 어떻게 하면 현실에 충실한 성인다운 성숙을 얻는 동시에, 신앙의 도약을 가능하게 하는 어린아이 같은 순수함을 간직할 수 있을까?

시편 132편은 성경에서 가장 오래된 시편 가운데 하나다. 이 역시 성전에 올라가는 노래에 포함되어 있으며, 하나님의 통치 아래서 그리고 그리스도 안에서 살아가는 삶의 이러한 측면에 대해, 한때 나의 친구였던 켈리에게 부족했고 우리 모두에게 필요한 것에 대해 일러 줄 것이다.

본 시편은 다윗이 어떻게 "하나님께 약속[하며]…야곱의 강하신 하나님께 맹세[했는가]"를 보여 줄 순종에 관한 시다. 아울러 순종이란, 역사적 사실에 뿌리박고 약속된 소망을 부여잡는, 모험도 마다 않는 생기발랄한 믿음의 응답임을 보여 준다.

역사를 지닌 순종

시편 132편 전반부는 현실에 뿌리박고 사실에 기초한 순종을 잘 보여 준다. 본문은 과거의 한 사건, 즉 언약궤에 얽힌 역사를 회상하고 있다. "기억하소서, 우리가 그 소식을 에브라다에서 처음 접하고 야알 초원에서 자세히 듣던 날을. 우리는 소리쳤습니다. '헌당식에 참석하자! 하나님께서 그분의 발판 삼으신 곳으로 가 그분께 경배드리자!' 일어나소서, 하나님, 주님의 새 안식처에 드소서. 주님의 강력한 언약궤와 함께 드소서."

언약궤는 길이 122센티미터, 너비 76센티미터, 높이 76센티미터가량의 금을 입힌 나무 상자였다. 순금으로 된 뚜껑은 속죄소라 불렀다. 양쪽 끝에는 천사 형상의 두 그룹이 있어서, 하나님의 말씀이 들려오는 중앙의 속죄소 둘레를 감싸고 있었다. 모세의 감독하에 만들어진(출 25:10-22) 언약궤는 자기 백성 중에 거하시는 하나님의 임재의 상징이었다. 언약궤는 시내산으로부터 광야를 지날 때까지 이스라엘과 동행하다 가나안 정복 때부터 실로에 보관되었다. 그러다 전쟁 중에 블레셋인들이 언약궤를 탈취하여 블레셋 도성에 전리품으로 전시하였다가 그 일로 재앙이 닥치자(삼상 4-7장) 마침내 이스라엘에게 돌려주었고, 그

다음에 언약궤는 기럇여아림으로 옮겨졌다(삼상 7:1-2). 그리고 다윗이 예루살렘으로 가져와 경축하며 예비한 자리에 두기 전까지 언약궤는 그곳에 있었으며 훗날 솔로몬이 지은 성전에 안치되었다.

히브리인에게 언약궤의 역사는 일종의 신학 참고서에 해당한다. 언약궤는 자기 백성 가운데 거하시는 하나님의 임재에 관한 이야기를 들려준다. 언약궤의 역사는 하나님과 함께 있는 것의 중요성과 하나님을 이용하거나 여기저기 끌고 다니려 하는 것의 위험성을 시사한다. 언약궤는 그 자체로서 하나님이 자기 백성과 함께하시고 그들 위에서 통치하심을 강조한다는 의미에서 중요했다(하나님은 결코 그 상자 안에 계신 것이 아니었다). 언약궤는 어디까지나 상징이었지 실재가 아니었다. 언약궤를 일종의 부적이나 골동품, 또는 하나님을 조종할 수 있는 마법 상자로 취급할 때마다 만사가 꼬였다. 하나님은 어디 담기거나 이용될 수 있는 분이 아니다.

시편 132편은 그러한 역사를 되풀이하지는 않고 단지 회상하는 형식을 취하고 있다. 여기서는 이스라엘 백성에게 과거 역사에 대한 기억을 환기시키는 것만으로도 충분하다. 언약궤의 풍부한 상징은 그들이 일상적으로 접하는 것이었기 때문이다. 언약궤에 얽히고설킨 복잡하고 광범위한 역사는, 그리스도인에게 예수님 이야기가 일반화된 만큼 이스라엘 백성에게 일반화된 지식이었다. 이 시편이 그들의 기억을 새롭게 할 때마다 그 이야기는 다시금 그들에게 생생하게 와닿곤 했다. 특별히 다윗이 이름없는 벽촌에서 언약궤를 되찾아 그것을 이스라엘의 삶의 중심에 두기로 결정하고, 하나님을 사모하고 경배하는 백성으로서의 연대감을 회복시키던 시기를 술회하는 부분에서는 더더욱 그러했다. "우리가 그 소식을 에브라다에서 처음 접하고 야알 초원에서 자세히 듣던 날을." 하나님의 궤가 어디 있는지 들은 다윗은 그것을 찾아오기로 맹세하고 그 맹세대로 했다. 그는 백성들을 소집한 후 이렇게 말했다. "헌당식에 참석하자! 하나님께서 그분의 발판 삼으신 곳으로 가 그분께 경배드리자!" 다윗은 언약궤가 있는 곳으로 가서 그 궤를 예루살렘으로 가지고 오면서 기쁨의 행진을 벌였다. "일어나소서, 하나님, 주님의 새 안식처에 드소서. 주님의 강력한 언약궤와 함께 드소서. 주님의 제사장들로 정의를 갖추어 입게 하시고 주님을 경배하는 이들로 이 기도를 읊게 하소서." 이 노래가 울려 퍼질 때의 정경은 이러했다. "다윗이 제사장의 세마포를 입고 하나님 앞에서 주저 없이 춤을 추었다. 온 나라가 그와 함께 함성과 나팔소리를 울리며 하나님의 궤를 따라갔다"(삼하 6:14-15).

순례 중인 하나님의 백성이 이 오래된 언약궤의 노래를 다시 부를 때, 역사의 기억들도 되살아나 다시금 체험된다. 결국 제자들은 광대하고 풍성한 순종의 실재를 딛고 행보하는 셈이다. 그들은 하나님에 대한 순종의 여정으로 이 비탈길을 오르는 최초의 인간도, 최후의 인간도 아니다. 같은 행로를 따라 같은 길로 언약궤가 옮겨졌고 결단과 기대에 찬 백성들이 그 뒤를 따랐다. 언약궤는 선한 길로도, 악한 길로도 옮겨졌다. 겁에 질리고 ("무서워요! 저를 위해 기도해 줘요!"하며) 미신에 사로잡혀, 블레셋을 대적할 비밀 병기로 언약궤를 옮기던 때도 있었다. 그리고 그것의 결과는 재앙이었다. 그리고 순종이 예배로 바뀌었을 때 하나님을 경외하며 춤추고 경축하며 진행된 다윗의 행진도 떠올렸을 것이다. 그리스도인은 숱한 발걸음에 의해 이미 다져진 길을 걷고 있을 뿐이다. 거기에는 순종의 역사가 있다.

그것 없이는 한낱 변덕에 휘둘릴 우리이기에 이 순종의 역사는 중요하다. 기억이란 우리의 입장을 진단하고 결정을 내리는 데 사용하는 데이터 뱅크다. 성경이라는 기억의 유물 외에도 우리에게는 2천 년에 걸쳐 이루어진 무수한 경험이 있어, 신앙생활에서 매일 요구되는 즉각적인 응답을 할 수 있다. 건강하고 성숙한 하나님의 백성으로 살아가려면, 우리 자신의 체험으로 얻을 수 있는 그 이상의 자료가 필요하다.

만약에 텔레비전 신규 프로그램에 대한 반응을 조사 발표한 여론 조사가, 알고 보니 그 프로를 단 10분 시청한 한 사람과만 인터뷰했다면 우리는 과연 그를 어떻게 생각하겠는가? 그의 결론을 엉터리라고 무시해 버릴 것이다. 그러나 너무나 많은 그리스도인이 그와 같은 종류의 증거를, 그보다 훨씬 중요한 많은 사항―기도 응답이나 하나님의 심판, 그리스도의 용서, 영원한 구원 등과 같은 문제―에 대한 궁극적 진리로 받아들이고 있다. 그들이 의논할 수 있는 유일한 사람은 그들 자신이고, 그들이 재고할 유일한 경험도 최근 10분간의 체험뿐이다. 우리에게는 다른 체험들, 곧 교회 안에 있는 다른 형제, 자매들의 경험을 공유하고, 성경에 있는 믿음의 선조들의 수십 세기에 걸친 경험을 참조하는 일이 필요하다. 자신의 뼛속까지 다윗을, 혈관에는 예레미야를, 손끝에는 바울을 그리고 가슴에는 그리스도를 품고 사는 그리스도인이라면 자신의 순간적인 감정과 지난주의 체험을 적용하는 것이 얼마나 가치 없을지 누구보다 잘 알 것이다.

고향과 아버지의 집을 떠나 사막을 전전하던 아브라함이나 이집트에서 종살이하던 히브리인들, 블레셋과 싸우던 다윗, 바리새인과 논쟁하시던 예수님, 고린도인들에게 편지를 띄운 바울을 외면한 채 자신만만하게 살아간다는 것은, 이렇게 말하는 것과 다름없다. "지난주에 내가 저 검은 개를 발로 찼을 때 저 녀석이 내 다리를 물었던 기억일랑 날려 버리겠어." 그러나 내가 그것을 기억하지 않는다면 다음 번에도 홧김에 그 개를 걷어찰 것이고, 또 다리를 물릴 것이다. 성경의 역사는 우리가 하지 말아야 할 일을 가르쳐 주는 유익한 기억이다. 동시에 그것은 해야 할 일을 위한 유익한 기억이다. 예를 들어 아주 맛있는 음식의 조리법을 기억해 둔다면 언젠가 다시 그 맛을 즐길 수 있는 것이나, 도심을 통과해 해변까지 가는 지름길을 기억해 둔 덕분에 교통 정체도 피하고, 두 시간 일찍 바닷가에 갈 수 있는 것과도 마찬가지다.

기억력이 안 좋은 그리스도인들은 모든 것을 처음부터 다시 시작해야 한다. 그리고 과거의 전철을 밟으면서, 복구하고 재출발하는 데 너무 많은 시간을 허비하게 된다. 반면 기억력이 좋은 그리스도인들은 지난날의 죄를 반복하지 않고, 복잡한 상황을 헤쳐 갈 가장 쉬운 길을 알고 있다. 그리고 매일같이 새로운 출발을 거듭하는 대신, 아담 이래로 시작된 경험의 줄을 놓치지 않는다. 시편 132편은 우리의 순종이 건전할 수 있도록 신앙의 기억을 활성화시킨다. "그리스도인의 순종 행위 하나하나는 그가 증거하고 있는 실재에 대한 겸손한, 증언 자체의 불완전함을 모두 솔직하게 드러내는 증언이다."[1]

소망: 하나님의 약속을 향한 질주

그러나 시편 132편은 우리의 두 발을 계속 현실이라는 땅에 붙이고 있으라고만 하지는 않는다. 발을 떼어 놓으라고도 한다. 과거의 견고한 기초인 동시에 미래를 향한 과감한 도약이기도 한 것, 곧 순종을 제시한다. 순종은 판에 박힌 종교의 틀 안에서 맴도는 지루한 일이 아니다. 그것은 하나님의 약속을 향한 희망찬 경주다. 이 시편의 후반부는 순종에 추진력을 더해 준다. 시편 저자는 과거를 위한 과거에 몰입하는 골동품 애호가가 아니라, 그가 향해 가고 있는 곳-하나님-에 도달하기 위해 과거에 대해 알고 있는 것을 활용하는 여행자다. 역사에 대한 관심에도 불구하고 성경은 과거를 결코 "좋았던 시절"이라고 언급하지 않는다. 신앙인에게 과거란 휴가철에 여행하는 유적지가 아니다. 과거는 쟁기로 갈고 일구고 심고 거름을 주고, 추수를 위해 땀 흘려야 할 경작지다.

이 시편의 후반부는 하나님이 다윗에게 말씀하신 것과 (언약궤 기사로 환기되는) 다윗의 반응을 진지하게 다루면서, 신앙의 미래에 이루어질 실재에 대한 비전을 제시하는 데 활용한다. "언제나 여기가 내 집이 될 것이다. 내가 이곳을 택했고, 영원토록 여기 있을 것이다. 이곳을 찾는 순례자들에게 복을 소낙비처럼 쏟아부어 줄 것이며 허기져 도착하는 이들에게 밥상을 차려 줄 것이다. 내 제사장들에게 구원의 옷을 입혀 줄 것이며 거룩한 백성들로 가슴 벅차 노래 부르게 할 것이다! 오, 내가 다윗을 위해 이곳을 빛나는 곳으로 만들리라! 내 기름부음 받은 자를 위해 이곳을 빛으로 가득 채우리라! 그의 원수들에게는 더러운 넝마를 입히고 그의 왕관은 찬란히 빛을 발하게 하리라." 모든 동사는 미래 시제로 되어 있다. 순종은 소망에 의해 실현된다.

그러한 소망 가운데 어느 것도 실제 역사와 무관하거나 동떨어져 있지 않다. 모든 소망은 기억력이 좋은 사람이 알고 있는 과거의 사건으로부터 발전한다.

"**이곳을 찾는 순례자들에게 복을 소낙비처럼 쏟아부어 줄 것이며 허기져 도착하는 이들에게 밥상을 차려 줄 것이다.**" 경건한 사람은 하나님이 바위에서 물을, 땅에서는 만나를, 하늘에서는 메추라기를 주셨던 광야 시절을 회상하며, 하나님의 영원하고 풍성한 섭리에 대한 소망을 품는다.

"**내 제사장들에게 구원의 옷을 입혀 줄 것이며 거룩한 백성들로 가슴 벅차 노래 부르게 할 것이다!**" 이스라엘만큼 구원에 대해 잘 알고 있는 백성도 없다. 제사장은 언제나 기쁨이 넘쳤던 예배로 모일 때마다 그 지식을 새롭게 하고, 그것을 매일의 삶에 적용하고 하나님에 의해 구속된 삶을 갱신했다. 이스라엘만큼 신앙으로 인해 행복한 시간을 맛본 백성이 과연 또 있을까? 홍해 끝자락에서 소고를 든 미리암과 다른 여인들과 더불어 불렀던 모세의 노래로부터, 여리고 성벽을 흔들다 마침내 무너뜨린 승전의 나팔 소리 그리고 오늘날 우리의 교회에서 여전히 불리는 다윗의 우렁찬 찬양에 이르기까지 기쁨이 흘러넘쳤다.

"오, 내가 다윗을 위해 이곳을 빛나는 곳으로 만들리라! 내 기름부음 받은 자를 위해 이곳을 빛으로 가득 채우리라!" 등, 밝은 빛을 내는 등! 빛은 하나님의 임재의 상징으로서 성경과 창조 세계에 편만하다. 소망은 하나님의 임재를 드러내는 자의 길에 광명이 비치리라는 것이다. 광명은 오늘날 우리가 성경과 그리스도를 통한 계시와 동일시하는 바로 그 빛이다.

"그의 원수들에게는 더러운 넝마를 입히고 그의 왕관은 찬란히 빛을 발하게 하리라." 하나님의 궁극적인 결말은 하나님의 적들에게는 수치가, 하나님이 세운 왕에게는 영광이 임하는 것이다. 승리는 완전할 것이다. 악은 패배하여 엎드러질 것이고 의는 승리하여 융성할 것이다. 이것이 바로 소망이 순종에게 바치는 비망록이다.

시편 132편은 순종의 비상을 위해 소망을 일군다. 그리고 소망은 하나님이 과거에 이루셨으나 결코 과거에 한정시키지 않으신 실재와 조화를 이룬다. 시편 132편에 기록된 모든 기대의 기원은 정확하게 기억된 과거에 있다. 그러나 그러한 기대는 단순히 미래에 투영된 과거의 재현이 아니다. 과거로부터 발전한 것이되 고유의 새로운 요소를 지니고 있다.

　시편 132편을 숙지하고 있는 그리스도인은 적어도, 언제나 순종을 위협하는 한 가지 위험으로부터 보호받게 될 것이다. 그 위험이란 우리가 정한 삶의 기준에 타당하고, 기질에 들어맞는 명령들만 형식적으로 준행하는 수준으로, 그리스도인다운 현존을 격하시키는 것이다. 그러나 시편 132편은 우리 자신보다 옳은 것을 볼 수 있도록 미래에 대한 비전을 제시해 준다. 우리가 우리에게 주어진 삶을 순간의 실수나 실패의 시간, 또는 권태의 하루 속에 매몰시킨다면 우리는 삶을 잘못 정의하고 있는 것이다. 폭넓고 균형 잡힌 순종을 위해서는 과거에 뿌리를 두어야 한다. 동시에 방향과 목표가 있는 순종을 위해 미래에 대한 비전을 가져야 한다. 그렇게 과거와 미래는 연결되어야 한다. 둘 사이에 유기적 연합이 있어야 한다.

　만일 우리가 다음과 같은 비결을 배우지 않는다면, 즉 삶의 범주를 우리의 탄생과 죽음에 국한된 날짜 너머로 확장시키고, 하나님의 계획을 우리의 일기장 속 사건들보다 중대하고 결정적인 것으로 받아들이는 비결을 배우지 않는다면, 우리는 신문의 말단 기사로 처리해야 할 사건을 머리기사로 내보내거나, 전면 컬러로 실어야 할 광고를 구인 광고란에 삽입함으로써, ("피터슨, 날 위해 기도해 줘요!"라며) 수술 후 목의 통증을 죽을 징조라고 착각함으로써 언제나 핵심 사안도, 사태의 핵심도 놓치게 될 것이다. 그리스도인의 신앙은 미인의 자태, 또는 부조리의 현장, 황홀하거나 끔찍한 순간을 단편적으로 포착한 사진을 들여다보듯이 단번에 섭렵할 수 있는 것이 아니다. 그리스도인의 신앙은 위대한 창조와 성대하게 완성된 구속에 관한 전면적이고 완전한 계시다. 순종은 하나님이 우리에게 하라고 하신 것을 그 신앙 안에서 행하는 것이다.

지탱할 힘, 도약할 기백

이와 같이 시편 132편은, 순종을 성숙시킬 우리의 기억을 일구고 소망에 물을 준다. 동시에 하나님의 뜻에 무지하고 결국 우리를 엄습하는 공포의 노예로 전락시킬, 미신적 종교로부터 우리를 지켜 준다. 그리고 하나님의 약속과 유리된 공상이나 악몽으로 떠들어 대는 종교로부터 우리를 지켜 준다. 과거와의 강력한 연계성과 미래를 향한 피 끓는 탐험심도 고취시켜 준다. 시편 132편은 우리가 굳어지거나 무뎌지지 않은 채 정상 상태를 유지하면서도, 현상 유지를 구실로 안이하고 고루할 정도의 평범성의 틀에 갇히지 않기 위해 불러야 할 노래다. 이 노래는 일상적 현실에서 유리되지 않은 채 진취적으로 미래를 지향하게끔 우리를 자극한다. 이 노래의 리듬은 우리를 광신 상태에 빠뜨리지 않고도, 성령 안에서의 새로운 영적 모험을 고무시킨다. 그리스도인으로서의 삶은 현실에 충실하면서도 신앙적 도약을 결행할 수 있어야 하기 때문이다. 정지한 채 머무는 그리스도인은 조각상과 다를 바 없다. 도약만을 거듭하는 사람은 인간이 아니라 공중에 뜬 춤추는 인형처럼 되기 쉽다. 우리에게 요구되는 것은 순종이다. 지탱할 힘과 도약의 의지 그리고 언제 '무엇'을 해야 할지 판단할 수 있는 분별력은 바로 순종에서 온다. 그리고 그 '무엇'은 바로, 하나님의 방법에 대한 정확한 기억과 그분의 약속에 대한 소망을 겸비한 자에게 포착된다.

15장

공동체

"머리에 부은 값진 기름이 머리와 수염을 타고,
그의 제사장 예복 깃을 타고 흘러내리는 모습 같구나"

얼마나 멋진가, 얼마나 아름다운가,
형제자매들이 어울려 지내는 모습!
아론의 머리에 부은 값진 기름이
머리와 수염을 타고,
그의 수염을 타고,
그의 제사장 예복 깃을 타고 흘러내리는 모습 같구나.
헤르몬산의 이슬이
시온의 비탈길을 따라 흘러내리는 모습 같구나.
그렇다. 그곳이 하나님께서 복을 내리시고
영생을 베푸시는 현장이다.
시편 133편

만남이야말로 진짜 삶이다.

마르틴 부버

우리가 예수 그리스도를 주님과 구원자로 고백하는 순간, 즉 그리스도인이 된 순간부터 우리는 좋든 싫든 그리스도의 몸 된 교회의 구성원이 된다. 우리 이름을 교적부에 등록하지 않거나, 특정 교회에 소속되어서 소속 교인의 책임을 공유하지 않거나 교회 예배에 참석하지 않을지라도 이 사실은 변함이 없다. 우리가 그리스도의 몸 된 교회에 속하게 되는 것은 그리스도를 믿는 믿음의 필연적인 결과다. 우리가 인간으로 태어난 이상 가족이 없을 수 없듯이, 그리스도인이면서 더 이상 교회와 무관할 수는 없는 것이다. 교회에 속하게 되는 것은 그리스도를 주로 고백하는 사람들에게는 기본적인 영적 사실이다. 천성적으로 이것은 다른 사람보다 사교적이고 무리 속에 있기를 좋아하는 그리스도인들을 위한 추가 사항이 아니다. 그것은 구속(redemption)을 이루는 중요한 부분이다.

물론 교적부에 이름을 결코 올려놓지 않는 그리스도인이 있고, 매주 예배에의 부름을 거절하는 그리스도인도 있으며, "나는 하나님은 사랑하지만 교회는 싫어합니다"라고 말하는 그리스도인도 있다. 그러나 이들 역시, 좋아하든 싫어하든, 인정하든 그렇지 않든, 교회의 구성원이다. 하나님은 결코 사적이고 비밀스러운 구원을 베푸시지 않기 때문이다. 하나님이 우리와 맺으시는 관계는 인격적이고 진실되고 친밀한 것이다. 그러나 비공유적인 것은 아니다. 우리는 그리스도 안에서 한 가족이다. 우리는 그리스도인이 된 순간부터 믿음 안에서 형제자매들과 함께 있게 된다. 그리스도인은 외동아들이나 외동딸이 아니다.

물론 우리가 믿음의 한 식구가 되었다는 것이 행복한 대가족의 일원이 되었음을 의미하는 것은 아니다. 우리가 믿음의 형제자매로 만나는 사람들이 언제나 훌륭한 사람들이기만 한 것은 아니다. 우리는 그리스도를 믿기 시작한 순간부터 죄 짓기를 멈추지는 않는다. 그들이 갑자기 이야기를 굉장히 잘하는 사람이나 활기 넘치는 친구이자 놀라운 영감을 가진 사람으로 변화되는 것은 아니다. 그들 중에는 괴팍한 사람도 있고, 우둔한 사람도 있으며, (솔직하게 말하자면) 진저리 나는 사람도 있다. 그러나 우리 주님은 그들이 바로 믿음의 형제자매라고 말씀하신다. 하나님이 우리 아버지시라면 이들이 우리의 가족이다.

그러므로 우리가 던져야 할 질문은 "내가 믿음의 공동체의 일원이 될 것인가?"가 아니라 "어떻게 이 믿음의 공동체 안에서 살아갈 수 있을까?" 하는 것이다. 하나님의 자녀들은 여러 가지 형태로 이에 반응한다. 공동체로부터 도망쳐 나와 가족이란 것이 존재하지 않는 양 행동하는 사람도 있다. 또 멀리 이사해서 자기만의 아파트를 얻어 놓고 그곳에 머물면서 가끔씩만 공동체를 방문하는 사람도 있다. 이들은 모임에 거의 빠짐없이 참석하며, 자신이 진정으로 다른 사람들을 좋아하고 있다는 표시로 선물을 가져온다. 또 스스로 멀리 떠나는 것은 꿈도 꾸지 않지만, 다른 사람들로 하여금 그런 꿈을 갖도록 만드는 사람들이 있다. 이들은 대접받은 식사에 대해 항상 불평하고, 살림 방식에 대해 꼬투리를 잡으며, 다른 사람들이 자기를 무시하거나 이용하려 한다고 불만을 터트린다. 반면 하나님이 자신을 교회라는 공동체로 부르신 뜻이 무엇인지 찾으려는 사람들도 있다. 이들은 그 안에서 조화롭고 즐겁게 자신의 역할을 감당하는 법을 배우며, 성가신 존재로 여겨질 수도 있는 사람들과 하나님의 은혜를 나누는 자로 성숙하고자 한다.

필수적이고도 매력적인 일

시편 133편은 우리가 따라야 할 본을 제시한다. "얼마나 멋진가, 얼마나 아름다운가, 형제자매들이 어울려 지내는 모습!" 이 시편은 성경과 교회를 통해 선포되고 설명된 바를 노래로 표현하고 있다. 그것은 바로, 공동체가 필수적이라는 점이다. 성경은 고립된 그리스도인에 대해서는 아는 바가 없다. 믿음의 사람들은 언제나 공동체의 일원이다. 창조는 공동체가 생기고 나서야 완성되었다. 아담과 하와가 함께하기 전에는 인류가 온전하지 않았다. 하나님은 결코 고립된 개인들과 함께 일하시지 않는다. 그분은 항상 공동체에 속한 사람들과 일하신다.

  이것은 성경적인 기준이고, 우리가 시작해야 할 근거다. 예수님은 열두 제자와 함께 사역하셨고, 그들과 함께 공동체를 이루어 사셨다. 120명의 성도가 '다 같이' 한곳에 모여 있을 때(행 2:1; 5:12) 교회가 형성되었다. 초대교회 그리스도인들 중 일부가 공동체에서 빠져나와 개인적인 이익을 추구하고자 했을 때, 한 목회자는 그들에게 공동체라는 귀중한 선물을 잘 보존하라고 촉구했다. "모이기를 폐하는 어떤 사람들의 습관과 같이 하지 말고 오직 권하여 그날이 가까움을 볼수록 더욱 그리하자"(히 10:25). 성경은 한 개인이 다른 사람으로부터 떠나 고독한 은둔 생활을 하면서 만든 종교 혹은 내면적인 사상이나 감정으로 만든 종교에 대해 말한 적이 없다. 예수님은 가장 큰 계명이 무엇이냐는 질문에 이렇게 말씀하셨다. "네 열정과 간구와 지성을 다해 주 너의 하나님을 사랑하라." 그러고 나서 곧바로, 누군가 나가서 그것으로부터("나는 홀로 이 동산에 왔노라"고 말하며) 사적인 종교를 만들기 전에, 이 말씀과 다음 말씀을 굳게 연결지으셨다. "그리고 그 옆에 나란히 두어야 할 두 번째 계명이 있다. '네 자신을 사랑하는 것같이 다른 사람을 사랑하라'"(마 22:34-40).

그리스도인은 매주 공동체로 모여 함께 예배를 드림으로써 이를 분명하게 표현한다. 어쩔 수 없이 그런 예배에 참석하는 이들도 있긴 하지만 말이다. 하나님에 대한 우리의 사랑을 선언한다면, 우리는 하나님이 사랑하시고 우리에게 사랑하라고 명령하신 동료 죄인들—사랑스러운 사람도 있고 그렇지 않은 사람도 있다—과 마주 대해야만 한다. 그러나 이것을 견뎌 내야 하는 일로 생각해서는 안 된다. 안전하고 자유로운 나라에서 살기 위해 원하지 않지만 어쩔 수 없이 내야 하는 세금처럼, 원하지 않지만 믿음을 가진 자로서 해야만 하는 일로 취급해서는 안 되는 것이다. 이것은 필수적인 일만은 아니다. 우리의 믿음에 사회적 측면, 곧 관계적 측면이 있다는 것은 매력적인 일이다. "얼마나 멋진가, 얼마나 아름다운가, 형제자매들이 어울려 지내는 모습!"

수 세기 동안 수많은 군중이 절기 예배를 위해 예루살렘으로 올라가는 길에 이 시편을 불렀다. 우리는 상상력을 동원하여 그때의 장면을 그려 볼 수 있다. 모든 사람이 동일한 목표를 가지고 같은 길을 여행하며 같은 목적을 이루기 위해 애쓴다는 것은 얼마나 위대한 일인가! 그 길과 목적과 목표는 하나님이시다. 이는 혼자서 긴 여행을 하는 것보다 얼마나 더 좋은 일인가! "형제들처럼 함께 산다는 것은 모두에게 얼마나 좋고 즐거운 일인가!"(예루살렘성경)

공동체를 피하는 두 가지 방법

공동체를 이루어 살아가는 것은 꼭 필요한 일이고 매력적인 일이지만, 아주 어렵다.[1] "형제자매들이 어울려 지내는 모습"이라는 구절에 어려움의 본질이 드러나 있다.

대부분의 그리스도인은 형제자매와 함께 산다는 것이 무엇을 의미하는지 경험으로 알고 있다. 형제들은 서로 싸운다. 자매들도 서로 싸운다. 함께 사는 형제에 대해 성경에 제일 먼저 나오는 이야기는 가인과 아벨의 이야기다. 그리고 이는 살인 사건 이야기다. 의미심장하게도 그들의 싸움은 종교적인 싸움이었다.

그들은 하나님이 둘 중 누구를 더 사랑하시는지를 놓고 싸웠다. 조금 뒤에는 요셉과 그의 형제들에 대한 이야기가 나오는데, 여기서도 다른 형제들의 시기로 인해 요셉은 이집트에 종으로 팔려 간다. 미리암과 아론도 동생 모세와 말다툼을 했다. 다윗과 그의 형제들도 나을 것이 하나도 없다. 불협화음의 증거만 더해 줄 뿐이다. 예수님과 그분의 형제들조차 사이좋게 지내는 모습보다는 불협화음의 증거가 된다. 우리가 알고 있는 사실 중 하나는, 그 형제들이 예수님에 대해 오해하여 그분의 구원 사역을 막으려 했다는 것이다. 그들은 예수님이 제정신이 아니라고 확신하고 있었기 때문이다.

성경 대신 심리학 책을 통해 인간관계에 대한 지식을 얻는 사람들도 '형제자매의 경쟁'이라는 제목이 붙은 장에서 이 주제에 대한 연구 사례들을 본다. 그러나 거기 실려 있는 내용의 대부분은 성경 말씀에 딸린 각주일 뿐이다. 아이들은 많이 싸운다. 형제들은 자기 뜻대로 되지 않으면 금방 화를 낸다. 자매들도 부모의 사랑을 독차지하기 원한다.

아이들은 보통 자기의 욕구와 필요만을 생각하므로, 형제나 자매를 동료가 아니라 경쟁자로 본다. 접시에 돼지갈비가 하나밖에 없는데 먹으려는 사람이 셋이라면, 형제자매를 즐겁게 함께 식사하는 동료로 보기보다는 치열한 경쟁 상대로 볼 것이다. 대부분의 문학 작품(소설, 희곡, 시)이 이 사실을 보여 준다. 형제자매처럼 함께 산다는 것은 실제로는 끊임없는 말다툼과 무시무시한 격투와 분노가 가득 찬 논쟁을 의미한다. 그러므로 "얼마나 멋진가, 얼마나 아름다운가, 형제자매들이 어울려 지내는 모습!"이라고 노래하려면, 우리가 하고 싶은 대로만 하거나 성미대로 해서는 안 될 것이다. 만약 그렇게 한다면 우리는 심한 싸움에 말려들고, 서로 코피를 터지게 해서 우리를 쳐다보는 구경꾼들만 신날 것이다.

시편 133편 같은 즐거운 노래를 부를 수 있도록 함께 사는 것은 그리스도의 백성들 앞에 놓인 위대하고도 힘겨운 과제다. 이보다 더 세심함과 에너지를 요하는 일은 없다. 다른 어떤 것도 이보다는 쉬울 것이다. 공동체 속에서 관계를 맺는 것보다는 각 사람을 풀어야 할 문제들로 다루는 편이 훨씬 쉽다. 어떤 사람이 가족으로부터(남편, 아내, 부모, 자녀, 이웃으로부터) 떠나 고립될 수 있다면, 그래서 그런 모든 복잡한 관계에서 떠나 전문적인 상담을 받고 충고를 듣고 안내를 받을 수 있다면, 문제는 훨씬 더 간단할 것이다. 그러나 그런 작업이 체계적으로 이루어진다면, 이는 공동체를 기피하는 행위가 될 것이다. 그리스도인은 예배 드릴 때 가시적으로 함께 모여 있는 하나님의 백성의 공동체이지만, 주중에도 복음 증거와 봉사로 관계를 맺고 있는 공동체다. "태초에 관계가 있었다."[2]

공동체를 피하는 다른 일반적인 방법은, 교회를 하나의 제도로 바꾸는 것이다. 이렇게 되면 사람들은 인격적인 관계에 기초해서가 아니라 비인격적인 기능에 의해서 다루어진다. 대규모 사람들의 상상력을 사로잡는 목표가 세워진다. 그리고 계획과 조직을 통해 그 목표를 이룰 수 있는 구조가 발전된다. 조직적인 계획과 제도적인 목표는 그 공동체를 정의하고 평가하는 기준이 된다. 이런 과정에서 교회는 점점 공동체성을 잃어 간다. 다시 말해 서로를 '형제자매'로 대하며 세심하게 신경 쓰는 대신, 점점 '기여하는 각 개체들'의 집단이 되어 간다.

그리스도인의 공동체는 다음 두 가지 중 어느 한 절차를 밟게 될 때 위험에 처하게 된다. 하나는 자동차를 수리하는 것처럼, 다른 사람들을 해결해야 할 문젯거리로 보는 것이다. 다른 하나는 은행을 경영하듯, 경제적 능력이나 제도적 효율성의 견지에서 도매금으로 처리해 버리는 것이다. 이 둘 사이 어딘가에 진정한 공동체가 있다. 각 사람이 진지하게 대우받고, 서로 신뢰하는 법을 배우며, 서로에게 의존하고, 서로를 긍휼히 여기며, 서로를 즐거워하는 곳 말이다. "얼마나 멋진가, 얼마나 아름다운가, 형제자매들이 어울려 지내는 모습!"

서로의 제사장

그리스도 안에서 함께 사는 즐겁고 바람직한 삶을 격려하고 표현하는 데 필요한 통찰력으로 가득한 시편 133편에는 두 개의 시적 심상이 있다. 첫 번째 심상은 공동체를 "아론의 머리에 부은 값진 기름이 머리와 수염을 타고, 그의 수염을 타고, 그의 제사장 예복 깃을 타고 흘러내리는 모습 같구나"라고 묘사한다.

이 그림은 출애굽기 29장에서 나온 것으로서, 출애굽기 29장에는 아론을 비롯한 제사장들을 임명하는 지침이 실려 있다. 희생 제물이 준비된 다음 아론은 제사장의 예복을 갖추어 입게 된다. 그런 다음에 이런 지침이 나온다. "거룩하게 구별하는 기름을 가져다가 그의 머리에 부어…아론과 그의 아들들에게…직무를 맡겨라"(출 29:7, 9).

성경 전체에서 볼 때 기름은 하나님 임재를 나타내는 표시요, 성령의 상징이다. 기름은 반짝거리고, 햇빛의 열기를 흡수하며, 피부를 부드럽게 하고 사람들에게 향기를 선사한다. [제라드 맨리 홉킨스(Gerard Manley Hopkins)는 자신의 시에서 피조 세계에 나타난 하나님의 위대하심을 찬양하면서 비슷한 심상을 사용한다. "기름이 새어 나와 한 곳에 고이며 점점 늘어나듯이 하나님의 영광도 점점 모여 거대해진다."]³ 하나님의 공동체에는 따뜻함과 편안함이라는 특징이 있다. 이는 군중 속에서 서로 밀치는 사람들의 냉담함이나 무정함과 대조를 이룬다.

그러나 여기서 좀 더 특별한 것은 기름 부음에 사용되는 기름이 그가 제사장임을 표시하는 기름이라는 점이다. 함께 산다는 것은 기름이 다른 사람의 머리에서부터 얼굴로, 수염을 지나 어깨로 흘러내리는 모습을 보는 것이다. 나는 이 장면을 볼 때, 형제자매가 곧 나의 제사장임을 깨닫는다. 우리가 다른 사람을 하나님이 기름 부으신 존재로 볼 때, 우리가 주고받는 관계는 훨씬 깊어질 것이다.

우리 시대에 디트리히 본회퍼(Dietrich Bonhoeffer)보다 이 사실을 통찰력 있게 깨달은 사람은 없다. 그는 이렇게 썼다. "어떤 사람의 그리스도인으로서의 됨됨이나 그만의 영성과 경건이 우리 공동체의 근거가 되는 것은 아니다. 우리의 형제 됨을 결정하는 것은 바로, 그리스도로 말미암은 그의 존재 자체다. 서로 다른 인격들 간의 공동체성은 그리스도께서 우리 모두를 위해 하신 일에만 근거를 두고 있다."4 그리스도는 우리에게 성령으로 기름 부어 주신 것이다. 우리는 서로를 섬기도록 세움을 받는다. 우리는 서로에게 하나님의 신비를 전해 주는 존재다. 우리는 서로에게 하나님의 메시지를 선포한다. 우리는 하나님의 말씀을 선포하고 그리스도의 희생을 공유하는 제사장들이다.

그리스도인은 그에게 하나님의 말씀을 선포해 주는 다른 그리스도인을 필요로 한다. 그가 확신을 잃고 낙담할 때마다 몇 번이고 그에게는 다른 그리스도인이 필요하다. 그는 혼자서는 바로 설 수 없기 때문이다. 그는 하나님의 구원의 말씀의 담지자요 선포자로서의 형제를 필요로 한다. 그는 오로지 예수 그리스도 때문에 그 형제를 필요로 한다. 그의 마음은 확신을 잃은 상태이고 그의 형제는 확신으로 충만한 상태일 때, 그의 마음속에 있는 그리스도는 그 형제가 전해 주는 말씀 가운데 거하시는 그리스도보다 약하다.5

두 번째 심상은, 공동체가 "헤르몬산의 이슬이 시온의 비탈길을 따라 흘러내리는 모습 같[다]"는 것이다. 주변 지역에서 가장 높은 헤르몬산은, 이스라엘 북쪽의 레바논 산맥에 속해 있으며 높이가 2,700미터 이상이다. 이렇게 높은 산에서 잠을 자 본 사람이라면, 그런 고도에 이슬이 얼마나 많이 내리는지를 알 것이다. 아침에 깨어나면 온 세상이 흠뻑 젖어 있다. 헤르몬의 고지대에 새벽마다 내렸던 수많은 이슬은 상상력에 의해 시온산으로 이어진다. 건조하고 황량한 유대 땅에 신선함과 영양분을 공급해 주는 다량의 이슬! 고지대의 이슬은 아침의 신선함과 비옥함을 느끼게 하고 성장에 대한 확실한 기대를 갖게 한다.

모든 믿음의 공동체에 가장 중요한 것은, 하나님이 믿음의 형제자매들과 함께 행하실 일에 언제나 새로운 기대를 거는 것이다. 서로를 이러저러한 사람으로 분류하기를 거부하는 것이다. 형제들의 행동, 자매들의 성장에 대해 예언하기를 거부하는 것이다. 공동체에 속한 각 사람은 독특하다. 각자는 특별하게 사랑을 받는 자이며 독특하게 하나님의 성령의 인도하심을 받는 자다. 그런데 내가 어떻게 각 사람에 대해 단정적으로 말할 수 있는가? 내가 어떻게 당신의 가치나 역할에 대해 아는 척할 수 있겠는가? 현대 문화가 사람들을 단조롭게 만들고 사기를 꺾는 것에 대항하여 학술적이고도 열정적인 저항을 했던 마거릿 미드(Margaret Mead)는 이렇게 썼다. "어떤 문화 체제도 그 안에서 태어난 모든 아이에게 맞는 다양한 기대를 한 적은 없다."[6]

하나님이 오늘 이 사람 가운데서 혹은 저 사람 가운데서 어떻게 일하실까 궁금해하며 기대를 가지고 서로를 바라보는 믿음의 공동체는 번성한다. 그리스도께서 사랑하시고 구속하신 사람들과 함께 공동체에 있다면 계속 그들에 대해 새로운 것을 발견할 수 있다. 그들은 아침마다 새로운 사람들이고, 그들의 가능성은 끝이 없다. 우리는 우정의 깊이에 매료되어 그것을 탐사해 가며, 그들의 신앙 여정에 깃든 신비를 공유한다. 그러한 공동체에서 지루해진다는 것은 있을 수 없는 일이다. 그러한 사람들 사이에서 소외감을 느낀다는 것은 불가능하다.

아론의 수염까지 흘러내리는 기름은 따뜻하고 제사장다운 교제를 의미한다. 헤르몬의 이슬은 신선하고 기대감으로 가득 찬 새로움을 의미한다. 기름과 이슬, 이 두 가지는 함께 사는 삶을 즐거움으로 충만하게 한다.

친밀한 사귐

시편 133편의 마지막 행은, 선하고 즐거운 함께하는 삶은 "하나님께서 복을 내리시고 영생을 베푸시는 현장"이라고 결론짓는다.

그리스도인은 항상 영원한 삶에 대한 그림을 그리려고 시도하지만 결코 제대로 그려 내지 못한다. 우리는 영원한 삶을 상상하고자 할 때마다 그것을 진부한 것으로 만들어 버린다. 그러고 나서 빈약한 믿음의 물감을 사용하여 재미없고 미숙한 그림을 그려 놓고서는, 그러한 곳에서 영원히 살고 싶은지 잘 모르겠다고 말한다. 어쩌면 우리는 지옥에서의 보다 자극적인 사귐을 선호할지도 모른다. 시편 133편은 이런 생각을 뒤집을 만한, 천국에 대한 힌트를 준다(이것은 계 4-5장에서 원대한 비전으로 확장되어 있다). 바로 진정 친밀한 교제는 천국에 있다는 점이다.

따뜻한 관계를 누리고 새로운 기대를 가질 수 있다면 우리는 이미 함께하는 삶—우리가 영생을 누릴 때 완성될—을 즐기기 시작한 것이다. 멋진 파티조차도 천국에 비할 수 없다. 상상력을 동원해, 함께 있으면 가장 좋은 친구들, 가장 깊은 기쁨을 느끼게 하는 동료들, 당신에게 가장 격려가 되는 관계들, 함께한 경험 중 가장 즐거웠던 것, 당신이 살아 있음을 느끼게 해 준 사람들을 한자리에 모아 보라. **그것이** 천국의 모습을 알 수 있는 힌트다. "그곳이 하나님께서 복을 내리시고 영생을 베푸시는 현장이다."

1945년 4월 9일

믿음의 한 식구로서 함께 사는 것의 의미를 다룬 20세기 최고의 책 가운데 하나는, 아니 아마도 **최고의** 책은 디트리히 본회퍼의 『신도의 공동생활』(*Life Together*, 대한기독교서회)일 것이다. 이 책은 시편 133편 구절로 시작된다. "얼마나 멋진가, 얼마나 아름다운가, 형제자매들이 어울려 지내는 모습!" 이 구절은 평생 본회퍼와 함께했다. 그가 21세에 쓴 첫 번째 출판물인 박사 논문의 제목은 "성도의 교제"였다. 그의 책 『나를 따르라』(*The Cost of Discipleship*, 대한기독교서회)는 순례길에 오른 그리스도인의 무리를 위한 지침서다. 나치 치하에서 그는 도피한 신학생 공동체를 인도했다. 그는 그들이 그리스도 안에서 믿음의 가족이 된다는 것의 의미를 발견할 수 있도록 도우며 그들과 함께 살았고, 다른 사람들을 공동생활의 교제로 이끄는 목회 사역을 감당하도록 훈

런시켰다. 그가 『신도의 공동생활』을 저술한 것은 바로 이 시기였다.

그는 나치의 제3제국(Third Reich, 1933-1945년) 말기에 아돌프 히틀러에 의해 투옥되었다. 그러나 그때도 감옥의 벽은 그리스도 안에서 형제자매 된 이들과 그를 떼어 놓지 못했다. 그는 그리스도 안에서 공동체 되었다는 것을 더 깊이 경험하면서, 그들을 위해 기도했고 그들에게 편지를 썼다. 그러고 나서 그는 처형당했다. 그의 삶이 시편 133편의 첫 줄에 대한 연구였다면, 그의 죽음은 마지막 행에 대한 주해였다. "그곳이 하나님께서 복을 내리시고 영생을 베푸시는 현장이다."

때는 1945년 4월 9일. 플로센부르크의 강제수용소 의사는 이런 보고서를 썼다. "그날 아침, 대여섯 시경, 죄수들은…감방에서 끌려 나왔고, 판결문이 낭독되었다. 수용소 건물 중, 어느 방인가 문이 반쯤 열려 있었고 그 사이로 본회퍼 목사의 모습이 보였다. 그는 아직 죄수복을 입은 채 무릎을 꿇고 그의 주 하나님께 열심히 기도를 드리고 있었다. 진정한 헌신과 주님이 듣고 계시다는 확신을 전하기에 충분했던, 그 매력적인 사람의 기도는 나를 깊이 감동시켰다." 아침이 왔다. 이제 죄수들에게 옷을 벗으라는 명령이 떨어졌다. 그들은 나무 아래 있는 계단을 따라 처형장으로 끌려갔다. 그러다 잠시 그 행렬이 멈춰 섰다.…본회퍼는 봄내음 가득한 숲의 교수대 아래에서 벌거벗은 채 마지막으로 기도하기 위해 무릎을 꿇었다. 5분 후, 그의 생애는 끝이 났다.…3주 후에 히틀러는 자살했다. 다음 달에 제3제국이 멸망했다. 독일 전체가 혼란에 빠졌고, 통신이 두절되었다. 어느 누구도 본회퍼에게 어떤 일이 일어났는지 몰랐다. 그의 가족은 확실한 것을 알지 못한 채 베를린에서 고통 가운데 기다리고 있었다. 그가 죽었다는 소식은 제네바에 처음 전해졌고, 그다음 영국에 전보로 알려졌다. 7월 27일, 그의 연로한 부모는 습관대로 런던 방송을 듣기 위해 라디오를 틀었다. 추도식이 진행되고 있었다. 수백 명의 목소리가 크고도 장엄하게 본 윌리엄스(Vaughan Williams)의 "온 성도 위하여"(For All the Saints)라는 승리의 노래를 부르고 있었다. 그러고 나서 한 독일인이 영어로 이렇게 말했다. "우리는 여기 하나님의 임재 앞에, 그분의 종 디트리히 본회퍼의 삶과 사역을 감사함으로 기념하기 위해 모였습니다. 그는 그분의 거룩한 말씀 앞에 믿음과 순종으로 자신의 삶을 드렸습니다."[7]

이런 식으로 그는 자신의 삶과 죽음을 통해 시편 133편에 나오는 풍요롭고 영속적인 진리를 보여 주었다. 우리 역시 우리가 함께 살며 인도하고 있는 공동체 가운데서 그렇게 할 수 있도록 말이다. "얼마나 멋진가, 얼마나 아름다운가, 형제자매들이 어울려 지내는 모습!…그곳이 하나님께서 복을 내리시고 영생을 베푸시는 현장이다."

16장

찬양

"성소를 향해 손을 들고 하나님을 찬양하여라"

와서 하나님을 찬양하여라,
너희 모든 하나님의 종들아!
하나님의 집에서 밤새도록 일하는 너희 하나님의 제사장들아,
성소를 향해 손을 들고 찬양하여라.
하나님을 찬양하여라.
그리하여 하늘과 땅을 지으신 하나님,
시온의 하나님께서 너희에게 복을 주시기를!

시편 134편

오른편 가까이에서 행운아들이 항해하고,
우리 앞에 온갖 침체가 놓여 있음에도 불구하고
불어 오는 바람을 안고 팽팽해진 돛을 보며 기뻐하는 날.
인생에는 때때로 그런 날이 있다.

허먼 멜빌

1972년, 몇 달간의 고투, 전략, 희생이 성과를 거두어 리처드 닉슨(Richard Nixon) 대통령이 선거에서 대승리를 거두었다. 선거일 밤 보좌관 찰스 콜슨(Charles Colson)은 자기가 늘 소망했던 그 장소에 있었다. 콜슨이 전하는 그날 밤 이야기에는 세 사람이 등장한다. 오만하고 무뚝뚝한 수석 보좌관 홀드먼(H. R. Haldeman), 안절부절 못하며 스카치 위스키를 꿀꺽꿀꺽 마시는 닉슨, 실망하여 풀이 죽은 채 '마음이 말라 죽은' 상태에 있는 콜슨. 권력의 절정에 있는 세 사람. 그러나 그 방에서 기쁨의 빛이라고는 한 줄기도 찾아볼 수 없다. "누군가 그날 밤 대통령 직무실 천장에 구멍을 내고 몰래 훔쳐보았다면, 얼마나 흥미로웠겠는가! 승리한 대통령은 패배한 적에게 해야 할 말을 마지못해 중얼거리고 있었고, 수석 보좌관은 화가 나서 신경이 곤두선 채 고함을 치고 있었다. 또 정치 전략가는 무감각한 상태로 앉아 있었다."¹

흔히 있을 수 있는 경험이다. 우리도 무언가를 얻기 위해 열심히 일해서 얻고 나면, 더 이상 그것을 원하지 않게 되는 것을 발견한다. 여러 해 동안 정상에 도달하기 위해 애를 썼지만 정상에서의 생활은 완전히 지루함뿐임을 알게 된다. 콜슨은 이렇게 썼다. "대통령을 당선시키는 데 참여하는 것이 내 생애 최대의 소망이었다. 3년이라는 긴 세월 동안 나는 리처드 닉슨을 위해 내가 가진 모든 것, 모든 힘을 다 바쳤다. 다른 것은 중요하지 않았다. 가족과 함께하는 시간, 사회적인 삶, 휴가는 전혀 없었다."[2] 그러고 나서 그는 자기가 얻으려고 했던 것을 손에 쥐었을 때, 그것을 즐길 수 없음을 알았다.

어떤 이는 학위를, 어떤 이는 승진을, 또 어떤 이는 특정한 생활 수준을 목적으로 삼는다. 또 어떤 이에게는 재산을 모으는 것, 결혼하는 것, 아이를 갖는 것, 직업을 갖는 것, 어떤 나라에 가 보는 것, 유명 인사를 만나는 것이 목적이다. 그러나 우리는 늘 원했던 것을 얻은 다음에야 사실상 우리가 원하던 것을 하나도 얻지 못했음을 발견한다. 그때 우리의 성취감은 바닥으로 떨어진다. 오히려 '마음이 말라 죽은' 느낌만 있다.

서서 몸을 굽히사 거기 머무시는 하나님

첫 번째 '성전으로 올라가는 노래'인 시편 120편에서 우리는 **회개**라는 주제가 전개되는 것을 살펴보았다. 히브리어에서 그 말은 '테슈바'(*tĕshubah*) 즉 세상으로부터 돌아서서 하나님께로 향하는 것을 말한다. 이는 인생의 목표를 하나님께 두는 최초의 움직임이다. 그 메시지는 기로에 서 있는 사람에게 주어졌고, 우리 각자에게 믿음의 길을 따르기로 결단하라고 초청한다. 이후로 이어지는 시편은, 하나님께로 돌아서서 그리스도 안에서 그분을 따르기로 한 사람들과 함께 이 순례길을 갈 때 어떤 일이 일어나는지를 묘사한다. 우리는 이 시편에서 아름다운 구절, 중심을 꿰뚫는 통찰, 눈부신 진리, 우리를 자극하는 말씀을 만난다. 우리는 이 시편이 노래하는 세계는 모험과 도전의 세계요, 열정과 의미가 있는 세계임을 발견한다. 또한 믿음의 길이 분명 어렵겠지만 결코 지루하지는 않을 것임을 깨닫는다. 그 길은 우리 안에 있는 모든 것을 요구한다. 우리의 모든 욕구와 능력을 불러낸다. 그 길은 우리의 존재 전체를 그 노래 속으로 끌어들인다. 그런데 우리가 가고자 하는 그곳에 도착한 다음에는 무엇이 있는가? 믿음의 끝은 무엇인가? 마침내 그곳에 다다른 다음에는 어떤 일이 있겠는가? 우리 역시 실망하게 될 것인가?

성전으로 올라가는 노래의 마지막인 시편 134편은 그에 대해 증거한다. 회개(těshubah)로 시작되는 제자의 길은 찬양(běrakah)의 삶으로 마무리된다. 이 시편에서 핵심 단어와 지배적인 개념을 찾는 데는 그리 오래 걸리지 않는다. 그것은 "하나님을 **찬양하여라**(bless). 하나님을 **찬양하여라**. 하나님께서 너희에게 **복을 주시기를**(bless)"이다.

두 히브리어 단어가 영어 성경에서 '복 받은'(blessed)으로 번역되었다. 하나는 '아쉐레'('ashre)로서, 이는 우리가 창조와 구속의 역사에 맞추어 살아갈 때 찾아오는, 모든 것을 소유한 듯한 행복감을 묘사한다. 시편 1편이 선언하고 있는 상태와 시편 128편이 묘사하는 상태가 바로 이것이다. 하나님이 우리에게 복 주실 때 우리는 이것을 경험하게 된다. 히브리어에서 이 단어는 "사람에게만 사용될 뿐 하나님에게는 사용되지 않는다. 하지만 신약에서는 하나님에 대해 사용된 예가 두 가지 있다(딤전 1:11; 6:15의 *makarios*)."³ 다른 하나는 '베라카'(*běrakah*)다. 이 단어는 하나님이 우리에게 그리고 우리 가운데서 하신 일을 묘사한다. 하나님은 우리와의 언약 관계에 들어오셨고, 우리를 위해 자신의 생명을 부어 주셨다. 또한 성령의 선하심과 하나님의 창조의 생명력, 구속의 기쁨을 나누신다. 그분은 우리 가운데 오셔서 자신을 비우셨고, 우리는 그분을 얻었다. 이것이 **복**이다. 첫 번째 단어가 '테슈바'라면, 마지막 단어는 '베라카'다.

하나님은 우리 가운데서 무릎을 굽히사 우리와 같은 수준이 되시고 자신을 우리에게 내어 주셨다. 그분은 저 멀리 계시면서 우리에게 외교 문서를 보내지 않으셨다. 그분은 우리 가운데 오셔서 무릎을 굽히셨다. 이 자세가 바로 하나님의 특징이다. 이 사실을 발견하고 깨달음으로써, 우리는 하나님에 대해 아는 바를 **좋은** 소식—하나님이 은혜롭고 자비롭게 자신을 내어 주셨다는 것—으로 여기게 된다. "어떤 형태를 취하든 복이란 영혼의 내용이 교환되는 것을 포함한다."⁴ 하나님은 우리의 필요를 헤아리시고 우리의 목적을 미리 아시고, "우리의 처지가 되셔서" 우리 자신보다 우리를 더 잘 이해하신다. 성경을 통하여 그리고 그리스도 안에서 하나님에 대해 배운 모든 것은 우리에게 다음과 같이 말해 준다. 하나님은 하루에 열세 번 기저귀를 가는 일이 어떤 것인지, 오랫동안 애써 준비한 보고서가 몇 주 동안 누군가의 책상 위에 먼지가 쌓인 채 있는 모습을 보는 일이 어떤 것인지, 아이들이 우리의 가르침을 꾸지람과 무관심으로 치부해 버린다는 사실을 알게 되는 일이 어떤 것인지, 우리의 완벽하고 탁월한 업무가 무시당하고 겉만 번지르르한 다른 사람이 승진이라는 보상을 받는 일이 어떠한지를 아신다고 말이다.

『서서 몸을 굽히사 거기 머무시는 하나님』(*The God Who Stands, Stoops and Stays*)이라는 제목의 하나님에 관한 책이 있다. 이는 복을 주시는 자세를 다음과 같이 요약한다. 하나님이 서 계신다―그분은 근본이시며 의지할 만한 분이시다. 그 하나님이 몸을 굽히신다―그분은 우리와 같은 높이로 무릎을 굽히사 우리가 있는 곳으로 오셔서 우리를 만나신다. 하나님이 거기 머무신다―그분은 은혜와 평강 가운데 자신의 삶을 나누시면서 힘든 순간이나 좋은 순간이나 우리 곁을 떠나지 않으신다.

하나님이 우리에게 복을 주시므로, 우리는 하나님을 찬양한다. 우리는 우리가 받은 것으로 반응한다. 우리는 하나님이 시작하시고 계속하시는 과정에 참여한다. 복을 받은 우리가 하나님을 찬양하는 것이다. 이 단어가 성경에서 사람들이 하는 행동을 묘사하는 데 사용될 때는 "복을 받은 것에 대한 감사와 찬양"이라는 의미로 사용된다.[5] 복을 받는다는 것이 무엇인지 아는 사람들, 궂은 날이든 맑은 날이든, 좋은 땅에서든 나쁜 땅에서든 은혜를 경험하며 믿음의 여정을 가는 사람들은 찬양하는 일에 익숙해진다. 이스라엘에서는 그것이 "종교적인 관행으로 자리 잡았다."[6] 오늘날까지 유대교에서 하나님에 대한 찬양으로 시작되는 기도는 모두 '베라코트'(*běrakoth*) 즉, 찬양으로 불린다.[7]

초청과 명령

복(blessing)보다 성경 전체를 더 잘 요약하고 정리해 주는 말은 없다. 이 단어는 하나님이 우리를 위해 하신 일 가운데서 우리가 가장 귀중히 여기는 것이며, 우리가 살아가는 방식을 평가할 때 가장 매력적인 것을 설명해 준다. 모든 예배 행위는 축도로 끝이 난다. 시편 134편은 그 단어를 초청하는 명령이라 부를 수 있는 형태로 표현한다. "와서 하나님을 찬양하여라.…성소를 향해 손을 들고 찬양하여라. 하나님을 찬양하여라."

처음 이 노래를 불렀던 사람들은 예루살렘으로, 말 그대로 여행 중이었다. 이제 그들은 그곳에 도착했고 절기를 맞아 하나님을 예배하기 위해 성전에 있다. 며칠 동안, 몇 주 동안 혹은 몇 달 동안 길거리에 있었던 사람들도 있을 것이다. 그러나 이제 그들은 그 길의 끝에 와 있다. 어떤 일이 일어날 것인가? 그들의 느낌은 어떠할까? 그들은 무엇을 할 것인가? '마음이 말라 죽은' 듯할까?

첫 문장을 읽어 보라. 그것은 초청의 문장이다. "와서 하나님을 찬양하여라." 예루살렘에 온 자들에게 주어지는 위대한 약속은 모든 이가 귀중한 성전 예배에 참여하게 된다는 것이다. 이제 당신은 자유롭게 예배할 수 있다. 와서 참여하라. 부끄러워하지 말라. 머뭇거리지도 말라. 오면서 배우자와 싸우기라도 했는가? 그래도 괜찮다. 당신은 지금 여기에 있다. 하나님을 찬양하라. 여행하는 동안 이웃과 말다툼이라도 했는가? 잊어버리라. 당신은 지금 여기에 있다. 하나님을 찬양하라. 여기에 오는 동안 아이들과 연락을 못 해서 지금 어디에 있는지도 확실하지 않은가? 그 문제는 잠시 내려놓으라. 아이들도 자신이 가야 할 순례길이 있다. 당신은 여기에 있다. 하나님을 찬양하라. 여행하는 동안 느꼈던 감정에 대해 부끄러운가? 불평에 빠졌던 것에 대해? 분을 품었던 것에 대해? 그런 것들도 당신이 여기에 도착하지 못하도록 할 만큼 나쁜 것은 아니었다. 당신은 지금 여기에 있다. 하나님을 찬양하라. 당신이 여러 번 여행을 포기했던 것에 대해, 누군가 당신을 데려왔어야 했던 상황에 대해 당황스러운가? 아무 문제 없다. 당신은 여기에 있다. 하나님을 찬양하라.

그 문장은 초청인 동시에 명령이다. 이제 예배드릴 곳에 도착했으니 둘러앉아 여행에 대한 이야기나 할 것인가? 이제 대도시에 도착했으니, 여기서 관광객으로 시장이나 둘러보며 눈요기나 하고 쇼핑이나 하며 시간을 보낼 것인가? 방문해야 할 곳 중에서 예루살렘은 이제 와 봤으니, 도전해 볼 만한 다른 곳, 다른 성지를 찾기 시작해야 할까? 성전은 우리가 이룬 업적에 대해 다른 사람으로부터 축하받는 교제를 위한 장소인가? 아니면, 잡담이나 하고 장사 이야기나 나누는 곳인가? 고향에 돌아가서 할 일에 도움이 될 사업상의 계약을 하는 곳인가? 그러나 그것은 당신이 여행한 이유가 아니다. 당신이 여행한 것은 하나님을 찬양하기 위해서였다. 하나님이 당신에게 복 주셨기 때문에 당신은 여기에 있다. 이제 당신이 하나님을 찬양하라.

우리의 이야기가 재미있을지도 모르지만, 그것이 요지는 아니다. 우리의 업적이 놀라운 것일지도 모르지만, 그것은 이 상황과 밀접한 관계가 없다. 낯선 곳에 와서 호기심을 품는 것도 이해할 만하지만, 여기에 적절하지는 않다. 하나님을 찬양하라. "완전하신 그분이 오시면, 우리의 불완전한 것들을 없애 주실 것입니다"(고전 13:10). 하나님을 찬양하라. 당신이 창조하심을 받고 구속하심을 받은 것으로 인하여 하나님을 찬양하라. 감사함으로 당신의 목소리를 높이라. 천국에서 우리의 믿음이 완성될 때를 기대하는 찬양과 기도의 공동체로 들어가라. 하나님을 찬양하라.

감정이 주가 되어서는 안 된다

우리는 하나님을 찬양하라는 초대를 받는다. 또한 하나님을 찬양하라는 명령을 받는다. 그러자 누군가 이렇게 말한다. "그런데 나는 그러고 싶은 느낌이 안 들어. 위선자가 되고 싶진 않아. 하나님이 내게 복 주셨다는 느낌이 없다면 하나님을 찬양할 수가 없어. 그건 정직하지 못한 행동이야."

그러나 이에 대한 성경적인 대답은 이것이다. "성소를 향해 손을 들고 찬양하여라. 하나님을 찬양하여라." 당신의 느낌이 어떠하든 손을 들어 올릴 수는 있다. 그리고 이건 아주 단순한 행동이다. 마음에는 명령할 수 없을지 몰라도 팔에게는 명령할 수 있다. 찬양함으로 손을 들어 올리라. 그러면 당신의 마음은 그 메시지를 받아들이고 기쁨으로 넘쳐 날 것이다. 우리는 정신과 신체가 연결된 존재다. 우리의 몸과 영혼은 서로 밀접하게 관련되어 있다. 하나님을 찬양하는 행동을 보이라. 그러면 당신의 심령은 그 신호를 감지하고 따를 것이다. "사람들이 왜 기도할 때 손을 들어 올리는가? 그 순간 그들의 마음이 하나님께로 들려 올려지는 것이 아니겠는가?"[8]

완전히 똑같은 것도 아니고 세부적인 면에서 차이점이 많긴 하지만, 이 시편의 지침은 '행동 수정'(behavior modification)으로 알려진 현대의 운동과 아주 흡사하다. 대략 말하자면, 이것은 당신은 새로운 존재가 되도록 행동할 수 있다는 생각이다. 올바른 일을 찾아 행동으로 옮기라. 그러면 다른 것들은 따라올 것이다. "성소를 향해 손을 들고 찬양하여라. 하나님을 찬양하여라." 감사를 행동으로 보이라. 감사의 뜻을 몸짓으로 표현하라. 그러면 당신은 당신이 행하는 대로 될 것이다.

행동을 바꾸는 유일한 방법은 먼저 감정을 바꾸는 것이라고 생각하는 사람들이 많다. 그래서 우리는 강아지를 발로 차는 일이 없도록 기분을 좋게 하는 약을 복용한다. 혹은 대화가 거칠어지지 않도록 감정을 누그러뜨리는 음악을 듣는다. 그러나 옛사람의 지혜는 다르게 말한다. 행동을 바꿈으로써 우리의 감정도 바꿀 수 있다는 것이다.

이렇게 말하는 사람이 있다. "나는 그 사람이 싫어요. 그래서 그 사람과는 한마디도 하지 않을 거예요. 내 감정이 바뀔 때, 바뀐다면, 이야기할 거예요." 반면 이렇게 말하는 사람이 있다. "나는 그 사람이 싫어요. 그래서 그 사람과 이야기를 나눌 거예요." 그러면 상대방은 그 우정에 감탄하여 기쁘게 반응하게 되고, 갑자기 우정이 공유된다. 마찬가지로 이렇게 말하는 사람이 있다. "나는 예배드리기 싫어요. 그래서 교회에 가지 않을 거예요. 예배드리고 싶을 때까지 기다렸다가 그때 갈 거예요." 반면 이렇게 말하는 사람이 있다. "예배드리기가 싫어요. 그래서 교회에 가서 예배에 참석할 거예요." 이 사람은 그러한 과정 중에 자신이 복 받은 자임을 알게 되고, 하나님을 찬양하기 시작한다.

아마도 처음으로 이 명령을 받은 사람은 예루살렘 성전에서 예배를 책임지고 있던 레위 족속이었을 것이다("하나님의 집에서 밤새도록 일하는 너희 하나님의 제사장들아"). 이들은 절기가 진행되는 동안 쉬지 않고 교대로 일을 했다. 밤에도 그들 중 일부가 항상 임무를 수행하고 있었다. 그 시간에 닥칠 수 있는 위험은, 예배가 성의 없이 진행되고 마지못해 하는 일이 될 수 있다는 것이다. 새벽 3시에 무엇을 기대할 수 있겠는가? 시편 저자는 이렇게 말한다. "변명은 있을 수 없다. 감정적으로는 내키지 않아도 근육을 통제할 수는 있다. 너희 손을 들라."

험프리 보가트(Humphrey Bogart)는 전문가란 "그 일을 하기 싫을 때 일을 더 잘하는 사람"이라고 정의한 적이 있다. 이는 그리스도인에게도 적용된다. 감정이 행동을 좌지우지하게 해서는 안 된다. 우리의 감정보다 더 깊은 실재가 있다. 그에 따라 살도록 하라. 에릭 루틀리(Eric Routley)는 찬양이란 '칭찬하는 것'이라고 생각했다.9 하나님께서 당신을 칭찬하셨다. 이제 당신이 그분을 칭송할 차례다.

우리 자신이 아니라 하나님을 더 중요하게 여기라

그리스도인들 사이에서 하나님을 찬양하는 사람을 찾는 것은 세상에서 저주하는 사람들을 찾는 것만큼이나 쉬운 일이다.

카를 바르트는 내가 가장 좋아하는 사람 가운데 하나다. 그는 분명 위대한 신학자이지만 그의 진짜 매력은 그가 하나님을 찬양하는 사람이었다는 데 있다. 그는 지성이 뛰어났고, 학식도 뛰어났으며, 신학적인 업적은 깜짝 놀랄 만하다. 그는 600만 단어, 7천 페이지, 12권짜리 교의학을 비롯하여 40-50권의 책과 몇백 편의 논문을 썼다. 이 사실도 인상적이지만, 더욱 인상적인 것은 그가 '당크바르카이트'(Dankbarkeit)라고 부르는 것이다. 이는 감사를 말한다. 바르트가 언제 어디서나 하나님의 은혜에 반응하며 살았다는 것을 우리는 알고 있다. 그가 쓴 글 가운데 가장 심각한 글 이면에도 웃음소리가 울리며, 그의 눈가에는 항상 생기가 있다. 그는 자기 자신을 중요하게 여긴 적이 없다. 그는 항상 하나님을 중요하게 생각했다. 그래서 그는 기쁨으로 가득했고, 찬양이 넘쳐 났다. 그는 신학자로서의 자기 일에 대해 이렇게 말했다. "일할 때 기쁨을 느끼지 못하는 신학자는 신학자가 아니다. 뚱한 얼굴, 침울한 생각, 지루한 연설은 신학에 어울리지 않는다."[10]

바르트는 수년 동안 스위스 바젤에서 살면서 가르치는 일을 한 적이 있다. 그러던 어느 날 그는 버스에서 한 여행객 옆에 앉게 되었다. 바르트는 그와 대화를 시작했다. "여행객이시죠? 우리 도시에서 뭘 보고 싶으신가요?"

그러자 그 남자는 이렇게 말했다. "위대한 신학자 카를 바르트를 만나고 싶은데요. 혹시 그분을 아시나요?"

바르트는 이렇게 말했다. "네, 그럼요. 제가 아침마다 그분 면도를 해 드리지요." 그러자 그 사람은 친구들에게 바르트의 이발사를 만났다고 말하면서 만족하며 돌아갔다.

바르트는 자신을 중요하게 여기지 않고 하나님만을 중요하게 여기기로 결심했기 때문에, 자기 자신에게나 주위 사람들에게나 야망, 자존심, 죄, 자기 의 따위의 우울하고 무거운 짐을 지우지 않았다. 대신 손을 들고 기쁘게 하나님을 찬양했다.

찰스 디킨스(Charles Dickens)는 "종교와 엄격함을 동일시하는" 인물을 설정한 적이 있다.[11] 우리는 그러한 경우를 너무나 자주 본다. 그러나 감사하게도 성경에서는 그러한 것을 찾아볼 수 없다. 성경에는 예수님이 잃어버린 양의 비유를 이런 말씀으로 결론지으시는 내용이 실려 있다. "구원이 필요하지 않은 아흔아홉 명의 선한 사람보다, 구원받은 죄인 한 사람의 생명으로 인해 천국에는 더 큰 기쁨이 있다"(눅 15:7). 고통이 경감되는 것도, 놀라움도, 잘난 척하는 것도 없다. '죽음이 엄습하는 일'은 확실히 없다. 기쁨만이 있을 뿐이다.

찬양은 순례길의 끝에 있다. 그리고 길의 끝에 있는 것은, 길에서 생기는 모든 일에 영향을 준다. 목적이 수단을 모양 짓는다. 시에나의 카타리나(Catherine of Siena)는 "천국으로 가는 여정 전체가 천국이다"라고 말했다. 기쁨에 찬 목적은 기쁨에 찬 수

단을 요구한다. 주를 찬양하라.

제일 되는 목적

내 친구 중에는 목회자가 될 사람들을 훈련시키는 신학교의 학장이 있다. 가끔 그 친구는 학생 중 한 명을 사무실로 불러서 이런 말을 한다고 한다. "이제 자네가 여기서 공부한 지도 몇 달이 지났네. 나는 자네를 관찰할 기회가 좀 있었네. 자네는 성적도 좋고, 소명에 대해서도 진지하게 생각하고, 공부도 열심히 하고, 분명한 목표도 가지고 있는 듯하네. 그러나 자네에게서 기쁨을 찾아볼 수는 없었네. 자네는 자네가 하는 공부에서 별로 기쁨을 누리지 못하는 것 같아 보이네. 혹 목회 사역으로의 소명을 다시 한번 생각해 봐야 할지도 모르겠어. 목회자가 기쁨이 없다면 그 소식이 좋은 소식이라고 확신을 가지고 가르치기가 힘들 걸세. 자네의 표정과 행동과 말을 통해 기쁨을 전달할 수 없다면 자네는 진정한 예수 그리스도의 증인이 될 수 없네. 하나님이 하신 일로 인해 즐거워하는 것이 우리의 사역에 필수적인 것이지."

웨스트민스터 소요리문답의 첫 번째 질문은 "사람의 제일 되는 목적은 무엇인가?"다. 우리의 궁극적인 목적은 무엇인가? 우리에게 중요한 것은 무엇인가? 우리는 어디로 가고 있으며, 그곳에 도달할 때 우리는 무엇을 할 것인가? 답은 "하나님을 영화롭게 하며, 영원토록 그를 즐거워하는 것"이다.

영화롭게 하라. 즐거워하라. 그리스도인의 제자도에 포함되는 다른 요소들도 있다. 성전에 올라가는 노래는 그것들 중 일부를 보여 준다. 그러나 무엇보다 중요한 것은 다른 모든 것을 넘어서는 한 가지를 아는 일이다. 그 중요한 것은, 하나님을 위해 일하는 것도 아니며, 하나님의 이름으로 고난당하는 것도 아니다. 또한 하나님을 증거하는 것도 아니며, 하나님을 위해 교회학교 교사가 되는 것도 아니다. 하나님을 위해 공동체의 책임자가 되는 것도 아니며 십계명을 지키는 것도 아니다. 이웃을 사랑하는 것도 아니고, 황금률을 지키는 것도 아니다. "사람의 제일 되는 목적은 하나님을 영화롭게 하며 영원토록 그를 즐거워하는 것이다." 혹은 시편 134편의 표현대로 "하나님을 찬양하[는]" 것이다.

"'카리스'(charis)는 항상 '유카리스티아'(eucharistia)라는 답을 요구한다(즉 은혜는 항상 감사의 답을 요구한다). 은혜와 감사는 하늘과 땅처럼 서로 연결되어 있다. 사람의 목소리가 메아리를 불러내듯, 은혜는 감사를 불러일으킨다. 번개 다음에 천둥이 따라오듯, 은혜에는 감사가 따라온다."[12] 하나님은 우리가 즐거워할 대상이 되시는 인격적인 존재이시다. 우리는 그분을 즐거워할 수 있도록 창조되고 구속받았다. 제자도에서 나오는 모든 활동은 기쁨을 경험할 수 있는 곳까지 이른다. 하나님께로 가는 모든 발걸음은 하나님을 즐거워할 수 있는 능력을 개발시킨다. 즐겨야 할 것이 점점 많아질 뿐 아니라 그것을 즐길 수 있는 능력도 꾸준히 습득하게 된다.

무엇보다도 중요한 것은, 그 길 끝에 있는 것을 즐기기 위해 그 길 끝까지 갈 때까지 기다릴 필요가 없다는 것이다. 그러므로

"하나님을 찬양하여라.…하나님께서 너희에게 복을 주시기를!"

이런 복을 받게 하소서. 시간이 갈수록 은혜에 은혜가 쌓이고, 한 걸음씩 앞으로 나아가게 하소서. 높은 곳에 도달한 후에도 낮은 이를 무시하지 않고, 낮은 데 도달하기 전에 높은 데 목표를 두지 않게 하소서. 첫 은혜는 믿음이고 마지막 은혜는 사랑입니다. 처음에는 열심이, 그다음에는 사랑의 자비가 다가옵니다. 처음에는 겸손이, 그다음에는 평안이 다가옵니다. 처음에는 부지런함이, 그다음에는 복종이 다가옵니다. 우리로 하여금 주어진 모든 은혜 가운데서 성숙하는 법을 배우게 하소서. 그리스도께서 오시기에 두려워 떨며 경계하고 회개하게 하소서. 또한 그분이 오시기에 즐거워하며 감사하며 미래에 대해 염려하지 않게 하소서.[13]

에필로그

20년 전 이 책을 쓸 당시 나는 교인들을 위해 글을 쓰는 교구 목사였다. 그들은 내가 가장 잘 아는 곳-북미 황야 지대를 돌아다니던 중 수년간 머물렀던 메릴랜드 산간 지대 중 한 곳-에 사는, 내가 가장 잘 아는 사람들이었다. 나는 보통 목사들이 하는 일을 하고 있었다. 그것은 나와 함께 살아가고 있는 이 사람들의 삶 속으로 예수 그리스도의 복음을 가져가는 일이었다. 나는 내가 아는 유일한 방법으로 그 일을 했다. 그 방법이란 오로지 성경과 기도, 기도와 성경이었다. 나는 예수 그리스도를 계시하는 성경 말씀을 설교하고 가르쳤다. 그리고 성인과 죄인이 뒤섞인 나의 교인들과 함께 그리고 그들을 위해 예수님의 이름으로 기도했다.

내 목회 사역의 토대가 된 두 가지 확신이 있다. 첫 번째 확신은, 복음은 생생하게 살아 있는 것이어야 하며, 목회 사역은 그 복음을 살아 있게 만드는 일이라는 것이었다. 복음을 선포하고 설명하고 복음에 대한 열정을 불러일으키는 것으로는 충분하지 않았다. 나는 그 복음이 살아 있기를 바랐다. 구체적인 삶의 영역에서, 길거리에서도 직장에서도, 침실에서도 부엌에서도, 암으로 투병 중일 때나 이혼을 겪을 때도, 아이들과 함께할 때마다 결혼 생활 가운데서도 생생하게 살아 있기를 바랐다. 그러면서 나 자신의 삶 속에서도 복음이 살아 있어야 한다는 것을 알았다. 이는 훨씬 더 엄청난 과제였다. 나는 이것이 시간이 필요한 일임을 깨달았다. 나는 비교적 긴 시간을 보냈다. 그때 (니체의) '한 방향으로의 오랜 순종'(a long obedience in the same direction: 이것이 이 책의 원제다—편집자 주)이라는 구절이 내 상상력을 자극했고 결국 이 책이 나오게 되었다.

두 번째 확신은 목회 사역은 성경과 기도로 하는 사역이어야 한다는 것이었다. 내게는 다른 사람 속에 그리스도의 형상을 심을 능력이나, 어른이든 아이든 그들이 제자로서의 삶을 살도록 해 줄 능력이 전혀 없었다. 그것은 초자연적인 사역이며, 나는 초능력자가 아니다. 내 사역은 성경과 기도로 이루어지는 겸손한 사역이었다. 사람들로 하여금 성경을 통해 말씀하시는 하나님께 귀 기울이도록 돕는 것 그리고 그들도 우리처럼 기도의 삶을 사는 동안 할 수 있는 한 인격적이고 정직하게 하나님께 응답하도록 초대하는 일이 그것이다. 이것은 더딘 사역이었다. 때때로 나는 그 더딘 것을 참지 못하고, 좀 더 신속한 결과를 얻을 수 있는 방법을 찾곤 했다. 그러나 결국 그것은 그들을 하나님께로 가까이 가도록 돕는 것이라기보다 그들의 삶에 간섭하는 것처럼 보였다.

오히려 내가 무대에 등장하기 오래전부터 성령께서 하시던 일을 내가 방해하고 있음을 깨닫는다. 그리고는 죄책감을 느끼며 내가 해야 할 사역으로 돌아오곤 한다. 그것은 바로 성경과 기도요, 기도와 성경이다. 그러나 '과'라는 단어는 오해를 불러일으킬 소지가 있다. 성경과 기도는 두 개의 구별된 실체가 아니다. 나의 목회 사역은 그 둘을 하나의 행위, 즉 성경-기도(scriptureprayer), 기도-성경(prayerscripture)으로 융합시키는 것이었다. 성령께서 우리 안에 그리스도의 형상을 심으시기 위해 사용하시는 것이 바로 이 연합, 곧 하나님이 우리에게 말씀하시는 것(성경)과 우리가 하나님께 말씀드리는 것(기도)의 연합이다. 그리고 내가 이 책에서 다루고자 하는 것이 바로 이 연합이다.

17개 출판사가 이 책의 출판을 거절했다. 시장성이 없다는 것이었다. 오늘날 북미 상황에는 적절하지 않다는 충고도 들었다. 그 후 미국 IVP가 출판을 허락해 주었다. IVP가 위험을 감수해 준 일이 내게는 디딤돌이 되었고 계속해야겠다는 자신감을 갖게 했다. 그래서 나는 계속했다. 20년이 지나고 28권의 책이 나온 이후에도 나는 성경과 기도의 연합이라는 동일한 주제에 대해 계속 글을 쓰고 있다. 이는 그리스도를 따르고자 하는 사람들, 즉 평신도와 목회자 모두를 격려하고 그들에게 증거를 제시해 주고자 함이다.

이 책을 쓴 후 수년 동안 나는 아주 많은 사람들이 '영성'에 대해 이야기하고 글을 쓰는 것을 발견했다. 그리고 나는 그들이 하는 일이 어떤 것인지 안다고 생각했고, 예상치 못한 곳에서 그렇게 많은 동료가 나타난 것에 대해 기쁘게 생각했다. 그러나 내가 잘못 생각하고 있다는 게 밝혀졌다. 나는 그들의 관심사가 내가 지닌 확신들과 일치한다고 생각했다. 나는 그들이 그리스도의 삶을 직접 체험하며 사는 데 관심이 있다고 생각했다. 또 그들이 그리스도의 삶을 배우고 그리스도 안에서 성숙하는 가장 효과적인 수단인 성경과 기도에 관심이 있다고 생각했다. 그러나 대부분 그렇지 않았다. 기독교 공동체 안팎에서 계속되고 있는 '영성'의 홍수는 멈추지 않을 것처럼 보이며, '오랜' 혹은 '느린' 것과는 거의 상관이 없다.

이 책은 그 후 내가 쓴 모든 책의 특징을 이룰 것을 향한 최초의 모험이었기 때문에, 이 책의 초판은 다른 책들에 암시되어 있는 내용이 명시적으로 드러나 있는 것 같다. 그것은 확신을 가지고 예수님을 따르는(우리가 흔히 '그리스도인의 삶' 혹은 '기독교 영성'이라고 부르는 것) 사람들은 성경과 기도의 연합을 통해 힘을 공급받으며 가장 잘 인도받을 수 있다는 사실이다. 기독교 '영성'을 향한 열정이 그것을 위한 방법에 대한 동일한 헌신 없이 가속화된다면, 그로부터 얻을 수 있는 것은 아무것도 없다. 우리 그리스도인 선조들은 그 방법이란 정확히 성경과 기도의 연합이라는 데 사실상 합의하고 있다. 그것은 굉장히 어려운 방식의 읽기나 쓰기가 아니다. 그러나 근면한 집중력을 요하는 일이다. 이 연합은 천천히, 상상력을 가지고, 기도하는 마음으로, 순종적으로 성경을 읽음으로써 이루어진다.

이는 기독교 역사를 볼 때 대부분의 기간에 대부분의 그리스도인이 성경을 읽었던 방식이지만, 오늘날 그런 방식으로 성경을 읽는 사람은 많지 않다. 오늘날 그리스도인이 성경을 읽는 일반적인 방식은, 빨리, 단순화시켜서, 정보를 모으기 위한 방편으로 그리고 무엇보다도 실질적으로 읽는 것이다. 여기서 우리가 얻을 수 있는 것이 무엇인가, 우리가 활용할 수 있는 것이 무엇인가, 우리가 지금 당장 사용할 수 있을 것이 무엇인가를 생각하며 성경을 읽는다. 항상 "우리가…우리가…우리가…우리가…"가 중요하다.

예수 그리스도를 따르는 것과, 우리 몸으로 우리의 환경 가운데서 구체적으로 그분의 생명이라는 선물에 따라 사는 것에 대해 진지하게 생각하고 있다면, '우리'로 가득 찬 급류를 거슬러 올라가야만 한다. 예수님이 그리고 그분의 생명이라는 선물이 우리에게 보여 주신 세상에 대해 잘 알고 있어야만 한다. 우리는 성경을 천천히, 상상력을 가지고, 기도하는 마음으로, 순종적으로 읽음으로써 그렇게 할 수 있다. 여기서 각각의 부사들이 중요하다.

천천히. 성경은 우선 하나님과 관련된 세상에 대해 보여 준다. 그것은 우리가 사는 곳보다 훨씬 큰 거대한 세상이다. 우리는 죄로 속박된 상태에서 살고 있으며, 우리 자신에 대해 대부분 의식하고 있다. 우리의 감정과 좌절, 욕구와 생각, 업적과 발견, 실패와 상처에 대해서 말이다. 성경에는 하나님의 사랑과 은혜가 깊고도 넓게 자리 잡고 있으며, 그 자비와 신비의 경이로움이 가득 차 있다. 또한 죄가 철저하게 드러나 있으며, 심판의 선고가 강하게 드러나 있다. 이는 굉장한 세상이며, 그 광대함에 적응하려면 시간이 필요하다. 우리는 그 규모에 익숙하지 않다. 우리는 소인국의 길거리와 뒷골목에서 자랐다. 우리 눈은 적응하는 데 시간이 필요하다. 우리가 성경 속으로 너무 빨리 들어가거나 너무 빨리 훑고 지나간다면, 성경 안에 있는 대부분의 것을 놓치고 말 것이다.

상상력을 가지고. 성경은 항상 우리를 포함한다. 우리의 삶은 성경에서 말하는 모든 것과 암시적으로 관련되어 있다. 이를 깨닫기 위해서는 상상력을 가지고 이야기 속으로 들어가야 한다. 이 새로운 상황에서 이야기의 줄거리를 따라 우리에게 어떤 일이 일어나는지를 관찰하기 위해서는, 우리의 대화와 경험과 생각을 그 이야기 속으로 가져가야 한다. 거기 나오는 인물들과 교제해야 한다.

우리는 성경에서 발견한 것을 어떤 개념, 표어나 원리 또는 문맥과 상관없는 '구절들'로 축소시키려는 나쁜 버릇이 있다. "세세한 사항들은 잊어버리자. 신비에 대해서는 무시하자. 우리는 우리가 이해할 수 있고 위안을 느낄 수 있는 정의(定義)가 필요할 뿐이야." 우리는 성경을, 형태를 바꾸어 우리 삶을 위해 만든 구조 속에 맞추어 넣을 수 있는 추상 명사나 어떤 '진리들'로 비인격화시킨다. 그러나 성경은 하나님이 살아 숨 쉬는 사람들, 우리 같은 사람들 속에 그리고 그 가운데 임재하시며 활동하심을 보여 준다. 상상력이란, 우리의 감각을 그대로 지닌 채 시공간의 경계를 넘어서 하나님이 보여 주시는 다른 대화와 행동에 들어가서 성경의 세계에서 편안함을 찾을 수 있는 능력이다.

기도하는 마음으로. 우리는 정보를 얻기 위해 책을 읽으라고 배웠다. 학교에서는 시험에 통과하기 위해서 책을 읽으라고 훈련시킨다. 우리는 사실들을 찾는 데 익숙하다. 사람들은 우리에게 "아는 것이 힘이다"라고 말한다. 책에는 우리가 학위를 따기 위해, 엔진을 고치기 위해, 직장에서 살아남기 위해, 문제를 풀기 위해 사용할 수 있는 자료들이 담겨 있다. 그러나 성경은 근본적으로 정보의 출처가 아니라, 하나님이 **우리에게 말씀하시기 위해** 사용하시는 주요 방법들 가운데 하나다. 우리가 '하나님의 말씀'이라고 부르는 그것은 바로 하나님의 음성이다. 하나님은 우리에게 말씀하시며, 우리를 초청하시며, 우리에게 약속하시고, 복 주시고, 우리와 마주 대하시며, 우리에게 명령하시고, 우리를 치유하신다. 성경에서 하나님은 우리에게 **어떤 것**―어떤 개념, 어떤 사실, 어떤 규칙―에 대해 말씀하시는 것이 아니라 우리에게 삶을 말씀하신다. 우리는 듣고 있는가? 우리는 대답하고 있는가? 성경을 읽는 것은 기도하며 읽는 것이다.

순종적으로. 순종적으로? 우리는 이 말이 익숙하지 않다. 우리는 스스로 자신의 삶을 책임지라고 촉구하는 문화에서 자라났다. 우리가 **이용하도록** 즉, 정보를 찾고, 기술을 습득하고, 지식을 연마하고, 기분을 전환하는 용도로 쓰도록 훈련시키는 수많은 책들을 소개받는다. 그러나 **이용한다고**? 사람들은 좋은 뜻에서 성경이 유용하며 그러므로 우리는 그것을 사용해야 한다고 말한다. 우리는 그것을 각색하고, 편집하고, 걸러 내고, 요약한다. 그다음 유용한 것은 무엇이든 사용하고, 적합해 보이는 것은 무엇이든 우리 상황에 맞게 적용한다. 우리는 성경을 수하에 두고 삶을 고치는 연장함이나 우리가 원하는 것을 얻을 수 있는 안내서 혹은 우울한 날에 생기를 북돋워 주는 영감을 주는 책자로 사용한다.

그러나 우리는 그렇게 할 만큼 영리하지 못하며, 그렇게 하도록 기대할 수도 없다. 그 책의 저자는 **그분의** 책을 통해 **우리에게** 글을 쓰셨다. 우리가 **우리의** 책을 통해 **그분께** 글을 쓴 것이 아니다. 우리는 그 책에서 예수님을 따르는 자인 우리 자신을 발견한다. 예수님은 우리를 그분을 따르도록 부르셨고, 우리는 순종한다. 혹은 순종하지 않는다. 이것이 우리가 들어가고 있는 하나님의 구원의 놀라운 세계다. 우리는 무언가를 '적용할' 수 있을 만큼 많이 알지 못한다. 우리의 임무는 순종하는 것, 믿음을 가지고 온전히 신뢰하며 순종하는 것이다. 그저 순종하라.

...

나는 가끔 프리드리히 니체를 상상하며 혼자서 즐거워하곤 한다. 하나님이 죽었다고 선언했고, 지금은 그 자신이 죽은 지 오래된 니체가, 내가 책을 쓰고 있는 서재에 나타난다. 그는 서가를 둘러보고 나서 자기가 썼던 문장의 일부가 책 제목이 되어 있는 것을 본다. 그는 내가 그 책을 썼다는 것을 안다. 그는 기쁨에 넘친다(사실 니체가 **환하게 미소 짓**는 것은 상상하기가 좀 힘들지만 말이다). 세 번째 밀레니엄이 다가오는 시점에 그의 수려한 문장, '한 방향으로의 오랜 순종'이라는 문구를 내가 사용했다는 것을 보고 그가 얼마나 기뻤겠는가!

그는 서가에서 책을 빼서 훑어본다. 그리고 화가 나서 얼굴을 찌푸린다. 이 나이 든 무신론자는, 그리스도인들은 연약하고 무능한 예수를 전파해서, 인류 중에서 가장 연약한 사람들, 영적으로 병들고, 도덕적으로 부적합하고, 열등한 사람들을 번성시킴으로써 문명에 악영향을 주고 우리 모두를 파멸시킬 것이라고 확신했었다. 그는 그들에게 치명적인 타격을 가했다고 생각했었다. 그런데 그것이 아직도 살아 있는 것을 발견한다.

나는 소스라쳐 놀라고 화가 난 채로 거기 서 있는 니체의 모습, 이렇게 연약하고 미숙하며, 무능하고 부적합한 그리스도인들이 아직도 살아서 번성하고 있다는 사실에 깜짝 놀라 얼굴이 붉으락푸르락해진 니체의 모습을 상상하는 게 즐겁다.

주

1장 제자도

1. *The Book of Common Prayer* (New York: Church Pension Fund, 1945), p. 276.
2. 에이머스 와일더(Amos T. Wilder)는 이렇게 말했다. "세상은 '하나님을 떠나 타락한 인류' 그 이상을 의미한다.…하나님은 이 세상을 지으셨고 사랑하신다. 그리스도는 세상을 구하기 위해 오셨다. 그러나 세상은 덧없고, 썩어 없어질 운명이며, 더욱이 악의 지배하에 흑암에 처해 있다"[*The Interpreter's Bible*, ed. George Arthur Buttrick (Nashville: Abingdon, 1952), 12:238].
3. Gore Vidal, *Matters of Fact and Fiction* (New York: Random House, 1977), p. 86.
4. Friedrich Nietzsche, *Beyond Good and Evil*, trans. Helen Zimmern (London: 1907), Sec. 188. 『선악의 저편』(아카넷).
5. 성전에 올라가는 노래들이 실제로 성전에 가는 길에 불렀던 노래임을 말해 주는 별도의 문서가 있는 것은 아니어서 예루살렘 순례 여행과의 연계성을 놓고 학자들 간에 의견이 분분하다. 그러한 개연성이 논증된 것은 아니라 하더라도 전혀 근거 없는 추측은 아니다. 유대교와 기독교 학자들은 지금까지 이 시편들을 그러한 구조틀 내에서 해석해 왔다.
6. Paul Tournier, *A Place for You* (New York: Harper & Row, 1968), p. 163. 『인간의 자리』(NUN).
7. Thomas Szasz, *Schizophrenia, the Sacred Symbol of Psychiatry* (Garden City, N.J.: Doubleday, 1978), p. 72.
8. Paul Goodman, *Little Prayers and Finite Experience* (New York: Harper & Row, 1972), p. 16.

9   윌리엄 포크너(William Faulkner)의 말, Sam di Bonaventura's program notes to Elie Siegmeister's Symphony no. 5, Baltimore Symphony Concert, May 5, 1977에 인용되었다.

2장 회개

1   John Baillie, *Invitation to Pilgrimage* (New York: Charles Scribner's Sons, 1942), p. 8.
2   Elie Wiesel, *Souls on Fire* (New York: Vintage, 1973), p. 154.
3   Abraham Heschel, *The Prophets* (New York: Harper & Row, 1962), pp. 71-72. 『예언자들』(삼인).
4   앞의 책, p. 190.

3장 섭리

1   John Calvin, *Commentary on the Psalms* (Grand Rapids, Mich.: Eerdmans, 1949), 5:63.
2   요하네스 페데르센(Johannes Pedersen)은 그러한 상황을 이렇게 묘사한다. "삶의 질서 유지를 의미했던 해와 달은 종종 이웃 백성들 사이에서 독립적인 신이나 다른 신들의 속성의 일부로 여겨지게 되었다." 욥은 이러한 강력한 존재들에게 입맞춤을 보내는 것조차 단호히 거부했다("만일 해가 빛남과 달이 밝게 뜬 것을 보고 내 마음이 슬며시 유혹되어 내 손에 입 맞추었다면 그것도 재판에 회부할 죄악이니 내가 그리하였으면 위에 계신 하나님을 속이는 것이리라"). 심판의 예언에는 하나님이 시온을 통치하실 때에 높은 데서 높은 군대를 벌하시며 땅에서 왕들을 벌하시며 해와 달이 부끄러워하게 될 것이라고 되어 있다("그때에 달이 수치를 당하고 해가 부끄러워하리니 이는 만군의 여호와께서 시온산과 예루살렘에서 왕이 되시고")[*Israel: Its Life and Culture* (London: Oxford University Press, 1962), p. 635].
3   물론 언덕과 산들이 하나님의 힘과 위엄에 대한 비유로 사용된 경우도 많다. 예를 들면, 시편 3:4; 24:3; 43:3; 48:1이 있다.

4장 예배

1   Paul Scherer, *The Word God Sent* (New York: Harper & Row, 1965), p. 166.
2   Herbert Hendin, *The Age of Sensation* (New York: W. W. Norton, 1975), p. 325.

3   찰스 스펄전의 말, Helmut Thielicke, *Encounter with Spurgeon* (Philadelphia: Fortress, 1963), p. 11에 인용되었다.

5장 섬김

1   Walther Zimmerli, "χάρις", in *Theological Dictionary of the New Testament*, ed. Gerhard Kittel and Gerhard Friedrich (Grand Rapids, Mich.: Eerdmans, 1974), 9:377.

6장 도움

1   Robert Browning, "Easter Day", *The Poems and Plays of Robert Browning* (New York: Random House, 1934), p. 503.

7장 안전

1   George Adam Smith, *Historical Geography of the Holy Land* (London: Collins, 1966), p. 178.

2   Gilbert Highet, *Man's Unconquerable Mind* (New York: Columbia University Press, 1954), p. 24.

3   Alexander Maclaren, *The Psalms* (New York: A. C. Armstrong, 1908), 2:316.

4   미첼 다후드(Mitchell Dahood)는 이렇게 번역한다. "정도를 벗어나 비틀거리는 자들." 여기서 그는 이 단어의 히브리어 자음들 사이에 다른 모음을 넣어 읽음으로써, 시편 저자가 1절에 쓴 단어를 다시 사용하면서 하나님을 의뢰하여 움직일 수 없는 견고한 반석 같은 사람과, 하나님을 의지하기를 거절하다 결국 미끄러져 "비틀거리는 자들"—타락한 자들—을 대조하고 있음을 발견했다. *Psalms III* (Garden City, N.J.: Doubleday, 1970), p. 214.

5   Charles Spurgeon, *The Treasury of David* (Grand Rapids, Mich.: Zondervan, 1950), 6:59.

8장 기쁨

1   Ellen Glasgow, *The Woman Within* (New York: Harcourt Brace, 1954), p. 15.

2   Phyllis McGinley, *Saint-Watching* (New York: Viking, 1969), pp. 13-14.

3   Elie Wiesel, *Souls on Fire* (New York: Vintage, 1973), p. 100.

9장 일

1   투르의 힐라리우스의 말, G. A. Studdert-Kennedy, *The Word and the Work* (London: Hodder & Stoughton, 1965), p. 33에 인용되었다.

10장 행복

1   본 시편에서 '복'으로 해석된 단어는 두 종류다. 1-2절에서 사용된 단어 '아쉬레'(*ashre*)는 하나님과 좋은 관계 속에서 살아가는 데서 오는 행복감과 완전한 느낌을 묘사한다. 4-5절에서 사용된 단어 '바라크'(*barak*)는 하나님이 구원의 관계 속에서 그분의 풍부한 생명을 우리와 더불어 공유하시기 위해 행하시는 것을 묘사한다.

2   F. Hauck, "μακάριος", in *Theological Dictionary of the New Testament*, ed. Gerhard Kittel and Gerhard Friedrich (Grand Rapids, Mich.: Eerdmans, 1967), 4:369.

3   Johannes Pedersen, *Israel: Its Life and culture* (London: Oxford University Press, 1926), pp. 182-199.

4   앞의 책, pp. 193, 211.

5   John Calvin, *Commentary on the Psalms* (Grand Rapids, Mich.: Eerdmans, 1949), 5:115.

6   Austin Farrer, *The Brink of Mystery* (London: SPCK, 1976), p. 52.

7   John Henry Newman, *The Preaching of John Henry Newman*, ed. W. D. White (Philadelphia: Fortress, 1969), p. 77.

11장 인내

1   H. Cremer, Gerhard von Rad, *Theology of the Old Testament* (New York: Harper & Row, 1962), 1:371.

12장 소망

1   Sally Cunneen, "Listening to Illich", *The Christian Century*, September 29, 1976.

2   P. T. Forsyth, *The Cure of Souls* (Grand Rapids, Mich.: Eerdmans, 1971), p. 128.

3   Gerhard von Rad, *Theology of the Old Testament* (New York: Harper & Row, 1962), 1:384.

4   Henri J. M. Nouwen, *The Wounded Healer* (New York: Doubleday,

1972), p. 95. 『상처 입은 치유자』(두란노).

5 George MacDonald, *Unspoken Sermons, First Series*, C. S. Lewis, *The Problem of Pain* (New York: Macmillian, 1953)에 인용되었다. 『고통의 문제』(홍성사).

6 Forsyth, *Cure of Souls*, p. 113.

7 Karl Barth, *Church Dogmatics* 3/1 (Edinburgh: T&T Clark, 1957), p. 369. 『교회 교의학 3/1』(대한기독교서회).

8 조지 맥도널드의 말, Denis Donogue, *New York Review of Books*, December 21, 1967에 인용되었다.

9 Augustine, *The City of God* (New York: Doubleday, 1958), p. 46.

13장 겸손

1 G. K. Chesterton, *Orthodoxy* (New York: John Lane, 1909), p. 212. 『G. K. 체스터턴의 정통』(아바서원).

2 John Calvin, *Commentary on the Psalms* (Grand Rapids, Mich.: Eerdmans, 1949), 5:140.

3 Artur Weiser, *The Psalms* (Philadelphia: Westminster Press, 1962), p. 777.

4 Charles Spurgeon, *The Treasury of David* (Grand Rapids, Mich.: Zondervan, 1950), 6:137.

5 앞의 책, p. 136.

6 Peter Marin in *Saturday Review of Literature*, September 19, 1970, p. 73.

14장 순종

1 Karl Barth, *Church Dogmatics* 4/3, 2nd half (Edinburgh: T&T Clark, 1957), p. 670. 『교회 교의학 4/3-2』(대한기독교서회).

15장 공동체

1 필립 슬래터(Philip Slater)는 미국인들이 함께 살아가는 방식을 조사한 연구서에서 우리 모두가 공동체를 필요로 하고 갈망한다고 말한다. "(우리는) 가시적이고 온전한 집합적 실재로서 다른 이들과의 우애 있는 협력과 신뢰 속에서 살기를 원한다. 그러나 오늘날 미국에서, 모든 인간 사회가 기초해 있는 상호 의존성을 가볍게 여기고 위협하며 부정하려는 시도를 다방면에서 쉽게 찾아볼 수 있다. 즉 우리는 개인 주택과 개인적인 운송 수단, 개인 정

원, 개인 세탁기, 셀프 서비스 상점 그리고 자기 손으로 일을 처리할 수 있는 모든 종류의 기술 습득을 원한다. 거대한 기술 문명은 인간이 일상적인 업무를 처리하는 과정에서 타인에게 아무것도 부탁할 필요가 없게 만드는 작업에 착수한 듯이 보인다.…우리는 점점 더 사생활의 보장을 필요로 하고 그렇게 될수록 더욱더 외롭고 소외되는 것을 느낀다.…그러한 사생활 추구의 결과로 우리와 타인의 만남의 성격 또한 갈수록 경쟁적으로 되어 간다. 나눔과 교류를 위한 만남은 점점 줄어 가는 반면, 다른 사람들을 귀찮고 불편한 존재로 여기는 성격의 만남은 점점 늘어 간다. 그들은 우리가 차를 몰고 갈 때 고속도로를 붐비게 만들거나 해변이나 공원, 숲을 어지르고 쓰레기장으로 만드는 존재, 가게에서 우리를 밀치고 가거나 주차장에서 마지막으로 남은 자리를 차지하는 사람, 내가 마시는 물과 공기를 오염시키는 존재, 우리의 시야를 가리거나 우리 집을 관통해서 고속도로를 내는 존재로 변해 간다. 우리는 계속 서로 부딪히는 타인과의 의사소통을 단절해 버렸기 때문에, 사람과 사람 사이의 접촉 기회가 늘어날수록 마찰이 늘어난다"[*Pursuit of Loneliness* (Boston: Beacon, 1970), pp. 7-8].

2   Martin Buber, *I and Thou* (New York: Charles Scribner's Sons, 1970), p. 62.『나와 너』(대한기독교서회).

3   *Poems and Prose of Gerard Manley Hopkins* (Baltimore: Penguin, 1953), p. 27.

4   Dietrich Bonhoeffer, *Life Together* (New York: Harper & Brothers, 1954), p. 25.『신도의 공동생활』(대한기독교서회).

5   앞의 책, p. 23.

6   Margaret Mead, *Culture and Commitment* (Garden City, N.J.: Natural History Press/Doubleday, 1970), p. 17.

7   Mary Bosenquet, *The Life and Death of Dietrich Bonhoeffer* (New York: Harper & Row, 1968), pp. 15-16.

16장 찬양

1   Charles Colson, *Born Again* (New York: Bantam, 1976), p. 10.『거듭나기』(홍성사).

2   앞의 책, p. 7.

3   J. Y. Campbell, "Blessedness", in *Interpreter's Dictionary of the Bible*, ed. George Arthur Buttrick (Nashville: Abingdon, 1962), 1:445.

4   Johannes Pedersen, *Israel: Its Life and Culture* (London: Oxford

5 W. J. Harrelson, "Blessings and Cursings", in *Interpreter's Dictionary*, 1:446.
6 B. Duhm, *Das Buch Hiob* (1897), p. 12, Hermann W. Beyer, "εὐλογέω" in *Theological Dictionary of the New Testament*, ed. Gerhard Kittel and Gerhard Friedrich (Grand Rapids, Mich.: Eerdmans, 1964), 2:758에 인용되었다.
7 앞의 책, p. 760.
8 John Calvin, *Commentary on the Psalms* (Grand Rapids, Mich.: Eerdmans, 1949), p. 168.
9 Eric Routley, *Ascent to the Cross* (London: SCM Press, 1962), p. 72.
10 Karl Barth, *Church Dogmatics* 2/1 (Edinburgh: T&T Clark, 1957), p. 656. 『교회 교의학 2/1』(대한기독교서회).
11 Charles Dickens, *Great Expectations* (reprint, New York: Heritage, 1939), p. 198. 『위대한 유산』(민음사).
12 Karl Barth, *Church Dogmatics* 4/1 (Edinburgh: T&T Clark, 1956), p. 4. 『교회 교의학 4/1』(대한기독교서회).
13 John Henry Newman, *The Preaching of John Henry Newman*, ed. W. D. White (Philadelphia: Fortress, 1969), p. 211.

옮긴이 김유리는 총신대학교 신학과를 졸업하고 홍익대학교 미술대학원에서 서양화를 공부했다. 한세대학교 신학연구소 연구원으로 일했으며 자유 번역가로 활동 중이다. 옮긴 책으로는 『내 마음의 과일나무』『연금술사 하나님』『예술과 영혼』(이상 IVP) 등이 있으며, 『현대 예술과 문화의 죽음』(IVP)으로 제10회 기독교출판협의회 최우수 번역상을 수상했다.

한길 가는 순례자

초판 발행 2001년 4월 17일 | 초판 27쇄 2024년 4월 25일
개정판 발행 2025년 9월 15일

지은이 유진 피터슨
옮긴이 김유리
펴낸이 정모세

편집 이성민 이혜영 심혜인 설요한 박예찬
디자인 한현아 서런나 | 마케팅 오인표 | 영업·제작 정성운 이은주 조수영
경영지원 이혜선 이은희 | 물류 박세율 정용탁 김대훈

펴낸곳 한국기독학생회출판부 | 등록번호 제2001-000198호(1978.6.1)
주소 04031 서울시 마포구 동교로 156-10
대표 전화 (02) 337-2257 | 팩스 (02) 337-2258
영업 전화 (02) 338-2282 | 팩스 080-915-1515
홈페이지 http://www.ivp.co.kr | 이메일 ivp@ivp.co.kr
ISBN 978-89-328-2362-1

ⓒ 한국기독학생회출판부 2001, 2025

책값은 뒤표지에 있습니다.
무단 전재와 복제를 금합니다.